# 躬耕海岛

## 海南自贸港田斌学术论文选

田　斌　著

中国海洋大学出版社

·青　岛·

图书在版编目（ＣＩＰ）数据

躬耕海岛：海南自贸港田斌学术论文选 / 田斌著
. — 青岛：中国海洋大学出版社，2021.11
ISBN 978-7-5670-3023-7

Ⅰ. ①躬… Ⅱ. ①田… Ⅲ. ①自由贸易区－海南－文
集 Ⅳ. ①F752.866-53

中国版本图书馆CIP数据核字(2021)第245724号

GONGGENG HAIDAO: HAINAN ZIMAOGANG TIANBIN XUESHU LUNWENXUAN
躬 耕 海 岛 : 海 南 自 贸 港 田 斌 学 术 论 文 选

| | |
|---|---|
| 出版发行 | 中国海洋大学出版社 |
| 社　　　址 | 青岛市香港东路 23 号 |
| 邮　　　编 | 266071 |
| 出 版 人 | 杨立敏 |
| 网　　　址 | http://pub.ouc.edu.cn |
| 电子信箱 | 1922305382@qq.com |
| 订购电话 | 0532-82032573 （传真） |
| 责任编辑 | 曾科文　周佳蕊　　　电话 0898-31563611 |
| 印　　　制 | 海南金永利彩色印刷有限公司 |
| 版　　　次 | 2021 年 11 月第 1 版 |
| 印　　　次 | 2021 年 11 月第 1 次印刷 |
| 成品尺寸 | 170 mm × 240 mm |
| 印　　　张 | 17 |
| 字　　　数 | 206 千 |
| 印　　　数 | 1—2000 |
| 定　　　价 | 68.00 元 |

如发现印装质量问题，请致电 0898-66726181 调换。

名家赠言

收到田斌同学的《躬耕海岛——海南自贸港田斌学术论文选》书稿后，我花了三个月时间认真读了一遍。该书由多年来公开发表在各类刊物上的学术文章集结而成。该书分企业金融篇、产业研究篇、城市规划篇、建筑工程篇、生态环境篇、科技智能篇六篇，共精选了近四十篇文章，每篇文章皆是作者在该行业深耕之后的思考和总结。

一路走来，作者担任过众多的专业职务和社会职务，拥有超强的学习能力，在企业管理、城市规划、环境工程、园区运营、创业指导等领域都做出了较好的成绩。这些文章能发表在各类刊物，甚至是国家级核心刊物，已说明其学术价值。它们不仅具有理论参考价值，还能应用于实践。其中多篇文章写于十余年前，甚至二十余年前，但思路、观点颇具前瞻性和创新性，即使在今天仍具有借鉴意义，有些成果甚至还应用至今。

该书是作者投身在海南经济特区、海南自贸港建设洪流中，对自身学术研究的一个阶段性总结和反思，以期为顺应新时代发展再行深耕、开创新局面，为海南这片热土做出更大努力、献上更多的爱。

柯　迪

2021年8月2日

（柯迪，复旦大学经济学博士，中国浦东干部学院省部级、厅局级金融班教研组组长）

同行赠言：

劳动者最光荣，"革命者永远是年轻"。田斌同志作为民主党派人士，忠诚爱党，注重培养青年技术人员，面对规模大、条件复杂、工期紧的工程，他总能敢于担当、攻坚克难，用专业知识不断改进原理及控制方法和手段，确保施工项目的安全质量并使工程如期顺利达标。海岛热土，其成长于斯、壮大于斯。风华秋实，其积极投身于海南自贸港建设大军。衷心祝福田斌同志越战越勇，大道致远烁四方，行者无疆再起航！

符史丙

（建筑工程正高级工程师、专家组组长）

2021 年 8 月 13 日

同行赠言：

我与田斌兄弟结缘于某次大型项目交流分享会。会上，其能言善辩、旁征博引、思路清晰。在共同参建项目的管理过程中，其爱岗敬业、经验丰富，且善于钻研、攻关克难。对内严格把关，对外协调有度，这是我对其人的一贯看法。平时笔耕不辍，见解独到，各类技术文章屡见发表于专业刊物，这也是他日常善于总结、勤于思考、知行合一的累累硕果。祝愿田斌兄弟"海阔凭鱼跃，天高任鸟飞"，事业更上一层楼！

王康华

（建筑工程正高级工程师、专家组组长）

2021 年 8 月 16 日

# 序一：时代需要这样的人才

## ——为田斌论文集序

20世纪80年代，建筑师布正伟一手拿笔画图，搞了个后现代范儿的"独一居"，轰动了京城；一手拿笔搞理论，阐述自己的设计观点，写了厚厚的《自在生成论》一书，得了美国科尔比文化艺术中心大奖，教人钦佩。我特地在《建筑师》杂志上发了一篇长文《布正伟的建筑师之路》，称赞他有实践、有理论，是罕见的建筑师。

21世纪初，我为北京土人景观与建筑规划设计研究院首席设计师俞孔坚写了5万字的评论文章。他不仅有好多景观设计作品得了国际大奖，而且还不遗余力地为创立中国景观设计学出版了十几本专著。尽管他的"反规划""古典园林是老太婆的裹脚布"等观点遭到学界不少人反对，但我还是极力挺他。因为，中国太需要有实践、有理论的设计师了。

窃以为，光有理论没有实践，容易误入全然务虚的泥淖；而光有实践没有理论，容易使作品停留在有躯壳、无灵魂的状态。

前不久，老友李敏泉教授要我为田斌论文集写个序。我为难。因为我与田斌不熟悉，没读过他的文章，也不知道他的业绩。

但盛情难却。

怎么办？看他的资料，读他的文章。真是不看不知道，一看吓一跳。立在眼前的田斌，身材高大，长相英俊，笑容可掬，是一个在海南工作了将近30年的重庆人，是一个苦出身的山里娃，是一个

两手硬的企业家，是一个博学型的研究者。

说田斌是个苦出身的山里娃，因为他出生在重庆市铜梁区山沟沟的黄荆村。父母忙于生计，他是由三个姐姐带大的。姐姐们举着火把陪他走着泥泞山路上学、回家，就这样艰难地读完小学和中学。他最终成为走出山沟沟的第二个大学生。这苦出身，使他一辈子忘不掉什么是真的苦，什么是真的乐；这苦出身，使他懂得努力奋斗、脚踏实地工作的重要性与必要性；这苦出身，是他立足天涯海角的法宝。

说田斌是个两手硬的企业家，因为他到海南工作将近30年，从一个画图匠变成施工员、预算员、质安员，又变成了总施工长、项目经理、技术负责人，最后变成了民革海南省委委员、民革海南省直属第六总支主委、民革海南省委会人资环委会副主任、海南省企业联合会副会长、海南省房屋建筑和市政工程资深评标专家、海南省职业指导行业协会人才发展委员会主任委员、中国经济新闻联播海南中心常务副主任。但更了不起的是，他还是2000多家大型建材家居商户入驻的海南金盛达建材商城的掌门人。如果不是两手硬，何来这么多的信任？何来这么多的头衔？何来这么高的地位？

说田斌是个博学型的研究者，是因为他的论文集涉及企业金融、产业研究、城市规划、建筑工程、生态环境与科技智能等6个方面，共计36篇文章。如果不是博学型的研究者，何来这么多方面的深谋远虑？何来这么多方面的真知灼见？何来这么多方面的研究成果？

大家都知道城市与乡村建设，规划是龙头。他算抓住重中之重了。书中约占三分之一篇幅的10篇文章，既有宏观层面研究的如《论城市老旧小区改造问题》《新时期产业园区规划设计探究》，也

有中观层面研究的《论乡镇道路市政化改造》，还有微观层面研究的《民宿建筑中传统建筑元素的应用研究》等。可谓考虑问题甚为周全。

而且想不到田斌多才，还擅长用诗文表达情感与理想。请看他发于《白河诗刊》第 974 期的《男儿》：

男儿诗酒又何妨？似水柔情赛萧郎。

入梦巴山多夜雨，立秋海角少炎凉。

迎风仗剑天涯路，痛饮江湖苦辣汤。

桃李不言成大器，崽儿名扬笑冯唐。

笔者认为，走进信息时代，不但需要线性知识结构的人才，更需要复合型知识结构的人才。因为真正的现代化时代，需要多层次、多方位、多视角、全立体的思维能力与研究方法相适应。这是新时代的需要。

是为序。

洪铁城

2021 年 11 月 25 日

（洪铁城，1942 年生，浙江东阳人，中国婺派建筑学说创立者，全球人居环境论坛规划设计委员会委员）

# 序二

一个从大山深处走出来的企业家，管理着有两千多家商户入驻的大型建材家具产业园区，每天要时刻关注财务报表上的起伏波动，操持近万人的生计，还要迎来送往，直面来自社会的各种艳羡、探寻与怀疑。他居然还有时间静下心来写文章，而且一写就是二十多年，这就不能简单地用"勤奋"二字来褒扬，也无法泛泛地以一句"情怀"做喟叹。在这个依旧不乏蝇营狗苟的世界，这是一种坚守，对初心的坚守。

其实还不仅仅是坚守！整个学术论文集精选文章三十余篇，涉及企业金融、产业研究、城市规划、建筑工程、生态环境、科技智能等领域，虽然都跟作者所从事的工作密切相关，但涉及专业之广、研究学科之深、对策建议之细，还是令人叹为观止。在学术上，我们经常说要追求触类旁通、举一反三的境界，但读书如斯，还是让我对作者的学习能力生出一份神往。姑且赞之为博学吧！

当然，细品味之，还不仅仅是博学！据作者所言，该书所录的三十余篇文章，悉从其二十余年来所发表的近百篇文章中精选而成。细研这些文章，有些曾发表在各类国家级核心刊物上。能在国家级核心刊物上发表，自然经过了各级评审和上万名阅读者如刀般锐利的审视，自然证明了作者的学术水准。

儒家向来提倡学与用的结合。孔子说："志于道，据于德，依于仁，游于艺。"明代的心学大师王守仁把学用一体的为学思想进一步提炼丰富，提出了"学以致用、知行合一"的思想概念。"知"就是学习，而"行"就是做事，也是人格修炼的过程。这就把学问、道德、使命融为一体。这一目标像一座灯塔一样，成了文人学子的

毕生追求。

《躬耕海岛——海南自贸港田斌学术论文选》可以视为作者以扎实的理论根基投入所在行业的管理运营实践之后的思考和总结。首先他"懂"。他不仅无限贴近运营实践，能够真实而敏锐地感受到行业的每一次细微的脉动，而且能以常人难以想见的勤奋，利用每一点可以利用的时间对所在行业的理论知识进行系统学习，去做细致的理论准备。其次他会"用"。他将实践中遇到的问题纳入理论的框架下，去验证、去思考、去提升。而正是这样一种知行合一的治学态度（又何尝不是一种高级的管理方法论），赋予了作者审视所涉猎课题的独特视角，从而使他的研究成果具备了很高的理论价值和目前国内研究界最为稀缺的实战价值。唯其如此，该书中所收录的部分文字虽然成文于十多年前，但放在今天仍具有鲜明的创新性、超前性和实用性。

也许在很多聪明人看来，一个企业家利用一刻万金的时间去从事纯理论研究太不合时宜、太不划算，而我却看到了一个坚守者的坚持。毕竟，任何一个时代，任何一个民族，总要有一些仰望星空的人。这些人是需要我们去致敬的。

南宋诗人卢梅坡有一首诗叫作《雪梅》：

　　　　梅雪争春未肯降，骚人阁笔费评章。

　　　　梅须逊雪三分白，雪却输梅一段香。

这首诗我非常喜欢，就把它送给田斌吧！

是为序。

陈 伟

2021年仲夏于北京

（陈伟，管理学博士，教授，海南省环境教育协会理事长，曾获"全面建设小康社会先进个人"等十多个省部级以上奖项）

# 目 录 CONTENTS

「企业金融篇」

◆ 小微企业融资难问题研究

◆ 论民营中小微企业融资难问题

◆ 论小微企业融资模式与融资对策

◆ 金融支持民营企业降低融资成本的效果分析

◆ 中国现代化金融体系有效性的思考

# 小微企业融资难问题研究

## 1 绪 论

### 1.1 选题背景和理论意义

在世界各国的经济结构中，小微企业都占有重要地位。在对小微企业地位和作用的认识上，各国都经历了一个逐步认知的过程。

在现代的经济体系中，没有完全由大中型企业组成的经济体系，但也没有完全由小微企业组成的经济体系。各种不同体量的企业是相互依存的，小微企业和大中型企业是可以相互补充的。大中型企业依赖小微企业，而小微企业也依赖大中型企业。小微企业作为一支独立的经济力量正逐渐被政府重视。政府正通过调整对小微企业的政策，试图保护和扶持小微企业的发展。

小微企业在国民经济中的作用是大中型企业所不可替代的，从长期来看，中国将从小微企业的发展中获益。但是，小微企业成长却面临一个严重的制约因素——融资难。过去，中国一直重视大企业，把大多数的资金安排给了大企业，从而使很多小微企业丧失了改进技术、改造革新的机会。

近年来，国家开始认识到这个问题，制定出台了多项法律法规和政策规定，推进小微企业的发展。

2003 年 1 月 1 日，《中华人民共和国中小企业促进法》正式实

施，表示政府已将发展中小企业作为国民经济发展战略的重要组成部分，努力发展面向中小企业的资本市场。2003 年 5 月 28 日，我国的中小企业板市场在深圳交易所成立，为优质的中小企业开拓了重要的融资新渠道；在政府的参与下设立中小企业贷款担保机构；建立中小企业商业信誉评估系统，推进信息的收集和分享；由政府或其他组织建立专门的中小企业融资机构；在国有商业银行中设立专门的中小企业贷款部门，督促其增加对中小企业的贷款；允许国有银行在向中小企业贷款时收取更高的利息等。

2009 年，出台了《国务院关于进一步促进中小企业发展的若干意见》；2011 年 10 月，国务院出台关于支持小微企业的"国九条"；2011 年 12 月，发布《政府采购促进中小企业发展暂行办法》；2013 年 11 月通过的《中共中央关于全面深化改革若干重大问题的决定》指出，非公有制经济在支撑增长、促进创新、扩大就业、增加税收等方面具有重要作用；必须毫不动摇鼓励、支持、引导非公有制经济发展，激发非公有制经济活力和创造力。

同时，国家积极逐步扩大小微企业集合票据、集合债券、短期融资券发行规模，积极稳妥发展私募股权投资和创业投资等融资工具。进一步推动交易所市场和场外市场建设，包括中小板和创业板以及三板市场建设。拥有符合国家重点产业调整和振兴规划要求的新技术、新工艺、新设备、新材料、新兴业态项目的中小企业应陆续成为上市公司中的一员，以改善小微企业股权质押融资环境，进而远离高利贷融资环境。

然而，当前融资难问题仍然是制约小微企业发展的最大瓶颈。小微企业融资方式单一，融资渠道狭隘，融资结构存在许多缺陷。融资难严重制约了我国小微企业的发展速度。目前的全球经济危机

对我国小微企业的生存和发展产生了很大的影响，不少小微企业因为缺乏资金，面临着即将倒闭的困境，而且从更长远的角度来看，融资难问题已经成为阻碍小微企业发展的主要原因。

## 1.2 文献综述

### 1.2.1 国外研究动态

从目前国外文献资料来看，对小微企业融资问题的研究属于比较新的问题，大多数文献是以中小企业的融资问题为研究对象。通过研究这些文献也可找到一些关于小微企业融资的观点。在此不着重进行研究。

### 1.2.2 国内研究动态

当前国内对小微企业融资问题的研究起步晚，但进展快，很多学者、金融机构、非金融机构和其他组织都在对这个问题进行有益探索，研究的重点主要集中在以下三个方面。

一是从银行支持小微企业融资的角度进行研究。王文烈在《中型银行小企业融资业务的发展模式研究》中指出，商业银行小企业金融发展的战略和策略是当前银行业务创新的重点，如何在不违背商业化原则的基础上，既支持小企业发展，又符合自身利益，是今后商业银行需要重点考虑的；李雪梅在《金融业如何进一步完善小企业融资服务》中提出，改善传统的经营管理模式，加快业务创新，使我国小微企业的融资环境得到改善、融资规模不断扩大，对于促进国民经济的平稳发展具有重要意义，且对于银行业而言，完善小企业融资服务是一项长期而艰巨的任务；杨丰同在《银行对小微企业融资的主体作用》一文中指出，有必要建立一批客户定位为小微企业的小型商业银行；朱莉则在《小微企业融资问题研究》中提出，要把保险和信用担保结合起来，有效解决小微企业融

资问题。

二是从借鉴国外经验角度对小微企业融资进行研究，如柳斌的《美国小企业融资经验对缓解我国中小企业融资困境的启示》介绍了国外对小微企业融资扶持的经验，并提出了改进我国小微企业融资难问题的措施；郑良芳在《解决我国小微企业融资问题浅析》中指出，要借鉴法国、日本经验，设立政策性金融机构，专门扶持小微企业的发展以及借鉴美国等发达国家经验，通过资本市场直接融资支持小微企业发展。

三是从小微企业本身进行研究，如陈柏苍在《我国小企业融资渠道分析》中着重对小企业融资渠道做了简要综述，以期对在金融风暴下的小企业有所帮助；王华清和王嘉韵则在《制约小企业融资的瓶颈及对策》中通过对小企业融资难的内部和外部原因进行分析，提出了解决小企业融资难问题的对策，包括建立小企业融资机构、完善小企业融资担保制度、加大对中小企业融资支持力度、探索制度创新等。

### 1.3 研究内容与方法

#### 1.3.1 研究内容

第一部分是绪论，主要谈小微企业融资难问题的选题背景和理论意义、文献综述及研究内容与方法。

第二部分重点研究小微企业的特征、作用及融资现状。

第三部分分别从小微企业自身层面、金融机构层面和政府层面分析小微企业融资难成因。

第四部分是为解决小微企业融资难，分别对小微企业、金融机构和政府提出了对策及建议。

第五部分是研究结论。

### 1.3.2 研究方法

本文充分利用图书馆的文献资料并结合其中的小微企业融资问题研究的最新理论进展和动态，综合运用经济学、金融学、社会学、法学等理论，结合财务管理等知识，对小微企业进行了专题研究。

#### 1.3.2.1 定性分析与定量分析相结合

定量分析是以企业报表为主要数据来源，为了对特定的研究对象的总体得出统计结果而进行的。定性研究具有探索性、诊断性、预测性的特点，主要是了解问题所在，摸清情况，得出认识。

定性分析主要根据企业所处的环境，企业自身内在的素质等方面的情况对企业的信用状况进行总体把握。定性分析适用于一些不具备完整的历史资料和数据的事项，根据过去所积累的经验进行分析判断，提出预测的初步意见，然后再通过座谈会或发出征求意见函等方式，对上述预测的初步意见进行修正、补充，作为分析的最终数据。本文在研究小微企业融资现状和分析其融资难的原因时采用了这种方法。

#### 1.3.2.2 实证分析与规范分析相结合

实证分析主要是选出经济生活中发生的事件，理性地认定"是什么"，可以提供什么样的解决方案，每种方案能够导致什么样的结果。这种分析方法是抛开了社会经济活动的价值判断，只就经济现象的联系进行分析的方法。

规范分析正好和实证分析相反，它是立足于价值判断的，设立一定行为标准，对经济现象和问题的处理方法展开研究。本文在提出解决小微企业融资难的对策时运用了规范分析法。

#### 1.3.2.3 纵向比较研究与横向比较研究相结合

纵向比较是对小微企业的融资进行历史的研究，对完善我国融

资制度和融资体系起到很好的借鉴作用。

## 2 小微企业的概述

### 2.1 小微企业的界定

根据《中华人民共和国企业所得税法》及其实施条例的有关规定，小型微利企业是指从事国家非限制和禁止行业，并符合下列条件的企业：（一）工业企业，年度应纳税所得额不超过 30 万元，从业人数不超过 100 人，资产总额不超过 3000 万元；（二）其他企业，年度应纳税所得额不超过 30 万元，从业人数不超过 80 人，资产总额不超过 1000 万元。

年度应纳税所得额，指企业每一纳税年度的收入总额，减除不征税收入、免税收入、各项扣除以及允许弥补的以前年度亏损后的余额。从业人数，指纳税人全年平均从业人员，按照纳税人年初和年末的从业人员平均计算。资产总额，指纳税人全年资产总额平均数，按照纳税人年初和年末的资产总额平均计算。

国家限制和禁止行业，在国家未明确以前，参照《产业结构调整指导目录（2005 年本）》执行；国家以后有新的规定，按照新规定执行。在行业性质的认定上，按照《国家统计局关于贯彻执行新〈国民经济行业分类〉国家标准（GB/T 4754—2002）的通知》规定执行。

### 2.2 小微企业的特征及作用

#### 2.2.1 小微企业的特征

当前我国的小微企业主要特征有以下五点。

一是企业规模普遍偏小，经营管理方式较灵活。小微企业规模一般比较小，投入的资金量较少，建设周期较短，资金回收快，开办比较容易。同时，小微企业可根据市场行情的变化随时调整产品结构，改变生产方向，适应不断变化的国内外市场。

二是企业数量较多，产业分布较广泛。相关资料显示，截至2012年，我国注册的小微企业数量达到 5000 万户，占企业总数的99%；其分布广泛，几乎涉及第一、第二和第三产业的各个行业和领域，如机械、服装、电子、食品、商业、运输、餐饮等。从地域上看，我国的小微企业广泛分布于东、中、西部各区，而东部地区的小微企业比例相对更高一些。

三是企业资本和技术类占比较低。小微企业资金短缺，只能动用较少的资本开展市场活动，而且生产规模小、设备简陋、技术陈旧、科研创新能力薄弱、产品档次低，大部分靠模仿进行产品开发。

四是企业经营管理不规范。小微企业管理落后是一种普遍现象，我国企业整体管理水平都不高，其中小微企业管理水平更低。目前，我国的大部分小微企业在管理上还处于家族管理阶段，一些小微企业连基本的会计记账方法都应用不全。

五是企业信誉度较低，融资相对较为困难。同时，"为了保护国有企业，国家并没有让金融体系市场化，而是让其具有很强的政策性。四大专业银行 80%以上的贷款都给了国有企业，非国有企业很难得到银行贷款。其他融资渠道如证券市场，也基本上与非国有企业无缘"[①]。

### 2.2.2 小微企业的作用

"据统计，中小企业中 90%属于小微企业。截至 2012 年上半年，我国中小企业（含小微企业）对中国 GDP 贡献超过 60%，创造税收占比超过 50%，提供超过 70%的就业岗位，并创造了中国 80%

---

①林毅夫:《解读中国经济》,北京大学出版社,2012,第194页。

的城镇就业。"①综合小微企业所做出的贡献来说，小微企业是扩大就业的主要增长点，可以说，这是小微企业对社会发展及稳定最大的贡献之处；是国民经济的重要增长点，是推动国民经济持续发展的一支重要力量；是促进农村经济发展和增加地方财政收入的重要来源；是科技创新的重要源泉，是推动科技尽快转化为生产力的重要力量；是推动经济繁荣的基本力量，对活跃市场具有主导作用；是产品出口的重要力量，为我国出口创汇的提高和外贸事业的发展起到了重要作用。可以说，小微企业是我国国民经济的重要组成部分，在稳定民生方面有着举足轻重的作用，是经济发展和社会健康发展的重要力量。

### 2.3 小微企业融资现状分析

近年来，我国加大力度建设小微企业金融支持体系，已经初步形成了包括政策性融资、银行贷款、非银行的金融机构借款、资本市场融资等在内的较为完善的小微企业融资渠道。虽然不少中型企业成为许多银行相互竞争的客户，融资需求在一定程度上得到缓解，但是大量的小微企业融资矛盾更加突出，不少小微企业不得不通过民间借贷等形式寻求资金支持。"据中国商务部数据显示，我国 65% 左右的中小企业发展资金主要来源于自有资金，25% 左右的中小企业发展资金来源于银行贷款，10% 的中小企业发展资金来源于民间集资方式，有 2/3 的中小企业普遍感到发展资金不足。"②另

---

①李小珊：《缓解小微企业融资困境的对策分析》，《经济研究导刊》2013年第2期，第118-119页。

②路晓静：《中小企业融资探讨——基于OTSW分析法》，《中国商贸》2011年第23期，第115-116页。

有数据显示，我们 5000 余万家小微企业中，能得到银行贷款支持的仅有 1000 万家，仅占 20%，即使算上能享受金融服务的企业，也不过 2400 万家，不到一半[1]。"我国银行针对非公企业的拒贷率超过 56%，而 83% 的小微企业更愿意选择民间借贷来实现融资，通过银行融资的部分尚不足 20%。"[2]而且，"目前小微企业融资成本一般包括贷款利息、抵押物登记评估费、担保费、风险保证金利息等。扣除这些相应费用以后小微企业实际得到的只有本金的 80%"[3]。

下面，我们从小微企业的融资需求特点以及在这种需求背景下的内源融资和外源融资两个方面来阐述小微企业融资现状。

### 2.3.1 小微企业融资需求特点

2011 年，宜信公司进行了一次针对小微企业贷款需求的调研，基于中国 36 个城市共计 3231 家小微企业，可以看到小微企业融资需求的两个主要特点，一是单个小微企业贷款需求量小，二是对融资的速度要求高。首先，从个体的融资需求来看，多数小微企业的融资缺口较小，64% 的小微企业表示其日常资金短缺额度在 10 万元以内，短缺额度 50 万元以内的占 94%。此外，通过对小微企业自身规模的调查还发现，月平均营业额在 10 万元以下的小微企业占比为 49%，经营规模较小。月销售额 10 万元以下的小微企业占全体小微

---

①姜隅琼：《成思危：发展社区银行解决小微企业融资难》，《上海证券报》2013 年 7 月 15 日第 2 版。

②袁峰：《股份制银行已成贷款大户》，《信息时报》2010 年 9 月 16 日第 B7 版。

③熊晋：《我国小微企业融资难问题的分析与建议》，《学习月刊》2012 年第 2 期，第 82-83 页。

企业比重的 49%，而日常融资需求额度在 10 万之内的小微企业占比 64%。其次，要求贷款审批时限在 10 日内的小微企业占 82%、5 日内的占 43%。由于小微企业融资多用于短期用途，融资速度慢则会大大影响融资的作用，进而使小微企业放弃贷款。目前，以我国银行为代表的传统信贷模式，对申请材料和企业资质的要求很严格，小微企业在办理贷款时通常不能提供规范的申请材料。有数据显示，仅有 30% 的小微企业能够提供诸如房产资料、银行账户流水等申请资料，因而有许多小微企业被挡在门外。对符合条件的小微企业，传统审贷模式下的放贷时间也普遍较长，这是不利于小微企业融资的另一方面，后文还会做详细说明。调查显示，手续烦琐成为阻止小微企业贷款的第一因素。

### 2.3.2 小微企业的内源融资现状

按照资金来源渠道，融资可以分为内源性融资和外源性融资。内源性融资包括折旧和留存收益两种方式。

按照优序融资理论，企业融资应首选内源性融资方式。忽视内源性融资，企业将难以在激烈的市场竞争中生存发展，这在西方发达国家已经得到了普遍验证。20 世纪 70 年代到 90 年代中后期，发达国家企业内部融资占全部融资总额的比例都在不断地上升，德国由 53.2% 上升到 65.5%，英国由 58.4% 上升到 68.3%，美国由 61.5% 上升到 82.8%。即便在实行主银行制的日本，这一比例也由 29.7% 上升到 49.3%。反观我国，大多数企业以外部融资为主，内源性融资在企业融资总额中的比重一般在 30% 以下徘徊，甚至有少数企业完全依赖外部融资，这种状况将严重影响企业的可持续发展。

### 2.3.3 小微企业的外源融资现状

外源性融资即从企业外部获得的资金，包括股票、债券、租

赁、银行借款、商业信用等融资方式。企业融资随企业规模的扩大必然要经历由内源融资到外源融资交替变迁的一个过程。我国小微企业外源融资的主要途径有以下几种。

一是稳中有升的银行信贷。作为银行机构中份额最大的金融机构，商业银行在小微企业服务中的领军作用毋庸置疑，银行信贷也是小微企业最为普遍的融资手段。目前，我国企业融资有80%左右来自银行信贷，但是如此高的信贷比例中，银行却仅仅把20%放给了小微企业，可见，我国小微企业从银行贷款的环境并不容乐观。但随着国家各项鼓励政策的陆续出台，这一现象有望得以改观。2011年10月银监会发布的《关于支持商业银行进一步改造小型微型企业金融服务的补充通知》一文说明政策是积极鼓励银行有选择地偏向小微企业贷款的。据统计，2010年，在小微企业贷款余额方面，在五大国有银行中，建行超过7000亿元，工行和农行为4000亿—6000亿元，中行超过2000亿元，交行低于1000亿元；在股份制银行中，兴业银行超过3000亿元，招行、华夏银行超过1000亿元，其余银行均未超过1000亿元。在小微企业贷款增幅方面，五大国有商业银行中，工行、交行增幅显著，超过50%，建行、中行为30%—40%，交行未超过银行平均水平；在股份制商业银行中，中信银行、深发展银行、华夏银行超过50%，其余银行均未超过50%。在小微企业贷款余额占公司贷款余额比例方面，兴业银行小微企业贷款占公司贷款的比例达60.94%；其次为华夏银行，超过了20%；而工行、建行、农行等比例为10%—20%，中信银行、中行则低于10%。在小微企业贷款余额占公司贷款余额比例变化方面，各商业银行均有所上升，五大国有商业银行中，工行上升超过3%，其余几家都为1%—2%；在全国股份制商业银行中，兴业银行、深

发展银行增幅超过了 6%，其余也高于或接近于 3%。

二是前景广阔的小额贷款公司。小额贷款公司是小微企业金融服务市场上对传统金融服务领域的有力补充，以其灵活多变的贷款模式，得到社会的一致好评。近年来，小额贷款公司得到了各地政府的支持，加之受高盈利吸引，规模飞速发展，截至 2010 年，我国小额贷款公司数达 2614 家，比上年末增加了 1280 家，是 2008 年的 6.65 倍；贷款余额 1975.05 亿元，比年初增加 1202 亿元，较上年增长了 155.49%。小额贷款公司的兴起，拓宽了融资渠道，但在配套政策、资金需求、风险控制等方面的管理仍然欠缺，未来将逐步得到完善，其发展前景广阔。

三是发展中的企业信用担保机构。企业信用担保机构是我国现阶段企业与银行之间重要的纽带，是助推小微企业获得融资的重要渠道。我国融资担保业务处于发展初期，存在担保机构数量多、规模小、业务创新不足、风险控制能力差等特点，但随着国家政策的支持，各项配套制度的完善，企业信用担保机构将得到长足的发展。2010 年，企业信用担保机构对中小微企业的融资担保额为 6894 亿元，占全行业的 77%，较上年增长了 69.9%。

四是濒临危机的民间借贷。受银行银根收紧的影响，小微企业融资困难，不得不"求援"民间借贷市场，导致民间借贷利率水涨船高，更助长了逐利资金的疯狂涌入。目前民间借贷的年利率为 120% 至 180%，即便这样，民间融资还是供不应求。民间借贷缺乏监管、利率高，中小企业还本归息的压力极大，已经潜藏着巨大的债务纠纷风险，应引起国家的高度关注。截至 2010 年 9 月，温州已出现 29 起企业主因无力偿还民间借贷而逃跑的事件。

### 3 小微企业融资难成因分析

长期以来，融资难是制约小微企业生存和发展的瓶颈。特别是近年来由于金融危机等因素的影响，融资难导致小微企业生存难的问题更加凸显。关于小微企业融资难的成因，存在多种理论，有信贷配给制约说，认为金融机构的经营约束造成信贷配给的制约，导致小微企业贷款难；也有信息不对称说，认为金融机构不能获得小微企业充分信息，导致市场失灵和资金资源配置效率低下；还有法律障碍说或者体制障碍说，认为市场准入的限制影响了民营资本进入金融行业或民间金融一直处于抑制状态，导致市场自发对资源配置的有效性造成负面影响。笔者试分别从小微企业自身角度、金融机构角度、政府角度全面分析小微企业融资难原因。

#### 3.1 从小微企业自身角度分析

实际上，小微企业取得贷款的关键，并不完全在于大家通常认为的银行。银行本身也属于营利机构，其也需要规避相关风险，保证持续发展，因而其自身规范贷款程序是正常的，并无过错。小微企业贷款难的关键在于企业本身。小微企业融资成本高、抵押资产少、企业信誉偏低等诸多先天的缺陷，加之本身经营管理水平低、业务能力偏弱、财务管理不规范、经营风险大、产品科技含量低等诸多因素，导致我国小微企业融资难。

#### 3.1.1 抵押担保很难实现

抵押担保制度的初衷，应该是设立抵押担保后，债务人如果到期不能清偿债务，债权人就可以用抵押资产的变现所得优先清偿设定担保的债务。《中华人民共和国担保法》第33条规定，债务人不履行债务时，债权人有权依照该法规定以抵押财产折价，或者以

拍卖、变卖该财产的价款优先受偿；《中华人民共和国企业破产法》（简称《破产法》）、《中华人民共和国物权法》也同样具有债权人就抵押财产变现优先受偿权利的规定。依据这些规定，似乎债权有了抵押担保就能保证在债务人不偿还到期债务后便可以及时实现抵押权，但事实并非如此，原因在于以上几部法律都没有对优先权进行明确界定。在不涉及抵押人破产问题时的操作还相对简单一些，若涉及破产问题就变得比较复杂，主要问题是《破产法》中抵押权人对特定财产的优先受偿权规定不明晰。《中华人民共和国企业破产法（试行）》（以下简称《破产法（试行）》）第28条曾明确规定抵押财产不属于破产财产，基于该条规定，抵押的特定财产的优先受偿问题相对容易理解。而《破产法》取消了这一条规定，给理解和执行带来了一定困难。根据《破产法》第30条规定，破产申请受理时属于债务人的全部财产是债务人财产，则设定了抵押权的特定财产仍是债务人财产；而《破产法》第107条第二款规定，债务人被宣告破产后债务人财产称为破产财产，则设定了抵押权的特定财产也应该属于破产财产的范围，这与《破产法（试行）》是有本质区别的。实践中处理破产案件时，从以人为本的角度出发，破产费用、对第一顺序的清偿通常会以抵押物优先受偿权的适当让渡为代价通盘处理。由于破产费用、共益债务、第一顺序的清偿数额不是债权人能够把握和控制的，常常会使担保债权很难得到全面清偿。这种制度设计造成即使设立了有效的抵押担保，债权人也根本无法准确预见实现抵押权能够收回多少金额，抵押权人的应有权益难以得到充分保障。

### 3.1.2 治理结构不完善，管理水平相对较低

"现代企业制度的典型特征是所有权与经营权的分离，而小微企业的典型管理模式是所有权与经营权的高度统一，企业的出资者同时也是经营者，这种模式给企业的管理带来了很大的负面影响。"[1]目前，许多小微企业实行的是家族式管理模式，主要表现为"家族"和"亲缘化"特征，实行集权化领导、专制式决策。当企业具备一定规模，家族式管理由于决策层和执行层界限模糊，缺乏"纠偏"机制，有较大的局限性、随意性，往往易导致企业经营决策失误。在小微企业家族式的管理方式下，决策权力往往集中在一、两个人手中。管理者经营素质的高低在很大程度上决定了企业管理质量的优劣。尤其应指出的是，在小微企业内部利润分配中，企业主的行为选择多为短期化的，对长期利益缺乏科学的规划。

要发展好企业，管理者最应该重视人才的选拔和培养，但现实条件下，大多数小微企业却面临着严重的人才危机和信任危机。其根本原因就在于企业家落后的"资本雇佣劳动力"观念和强盗逻辑，认为员工和企业的关系只是劳动力的雇佣与被雇佣的关系。在他们看来，只要有高薪，市场上多的是优秀人才，而没有从思想意识上真正重视人才，加之小微企业常常用人唯亲的用人方式，使优秀人才难以真正融入企业，因此，被雇佣者通常持打工心态，只关心眼前利益，对企业没有认同感和长期扎根的观念。

小微企业的经营管理水平低下主要表现在以下几个方面：一是科层制度安排不合理，难以形成有效制约权力的机制；二是经营模

---

①杨再平、闫冰竹、严晓燕：《破解小微企业融资难最佳实践导论》，中国金融出版社，2012，第93页。

式粗放，技术水平不高；三是多数小微企业没有制定明确的企业战略，盲目追求发展，选择多元化模式，分散了企业的资源。

### 3.1.3 财务管理制度不健全，管理水平不高

财务管理制度不健全，管理水平不高主要表现在：一是对现金管理不规范，造成资金闲置或不足。部分小微企业认为现金越多越好，以致现金闲置，没有参与生产周转；而部分企业的资金使用缺少计划，过量购置不动产，无法应付经营急需的资金，陷入财务困境。二是应收账款周转较慢，造成资金回收困难。其原因是没有建立严格的赊销办法和缺乏有力的催收措施，以致应收账款不能及时兑现或形成呆账。三是存货不能有效控制，造成资金呆滞。很多小微企业月末存货占用资金往往超过其营业额的两倍，造成资金呆滞，周转失灵。四是重资金不重资产，资产流失严重。不少小微企业的管理者对原材料、半成品、固定资产等的管理不到位，出了问题无人追究，浪费严重。五是部分小微企业缺乏健全的财务管理制度，企业内部财务信息不透明。特别是为克服融资困难，很大一部分小微企业会想方设法隐瞒对自己不利的各类信息，由此出现假破产真逃债、提供"有水分"的担保物、提供虚假财务报表、隐瞒企业的真实经营状态等行为。"大银行如果把钱借给中小企业，一方面成本较高，另一方面信息不对称，而且缺乏抵押，风险也会比较大，因此大银行一般不愿意给中小企业贷款。"[①]

### 3.1.4 信用观念淡薄，信用等低

目前，我国的小微企业信用等级普遍偏低，多数小微企业不能列入银行信贷支持的行列。其主要表现在：一是企业生命周期短，

---

①林毅夫：《解读中国经济》，北京大学出版社，2012，第200页。

金融机构不乐于给予相应扶持。温州市工商部门经过调查发布的第一份中小企业"生命周期"报告《企业生命周期研判》显示：近半数中小企业"存活"时间不到 4 年，而信息传输业、软件服务业及租赁业、商务服务业则是最"短命"的行业，企业平均"寿命"只有 2 年左右。"有 44.52% 的中小企业生命周期不超过 4 年，其中个人独资企业的生命周期最短，仅 1.99 年。"[①]二是银行和企业之间的信息不对称，企业多开户头，多头贷款，银行无法有效监督小微企业的资金使用情况。而且在现实操作过程中，许多小微企业通过制造虚假的交易合同、资产证明等套取银行的信贷资金的行为常有发生，同时采取不规范的资产评估、资本运作、破产、改制等手段对银行债务逃、废、甩、赖，给银行造成巨大损失。这样，进一步恶化了广大小微企业的社会信用环境，在一定程度上也增大了小微企业的融资难度。三是部分小微企业对所借资金的使用有很大的随意性，不按照贷款合同的要求使用贷款，加上贷款银行监管不够，资金往往被投资于比银行预期风险更高的项目。一旦计划失败，企业就会丧失偿债能力，银行不得不与其共同承担损失。在这种情况下，银行更加不愿意放贷给小微企业。

3.1.5 竞争力不强，经营风险较大

由于当前我国政策的限制和影响，小微企业的经营范围主要集中在民生用品领域，这些产品替代性很强。随着经济的发展，消费者的需求也呈现出差异化和多样化的特点，对于品牌选择也渐渐趋于固定。实践表明，品牌有助于提升企业的竞争力。但在现实中，

---

①王盟、吴家鸿、陈文龙：《中小企业平均"寿命"有多长？4 年！》,《都市快报》2007 年 5 月 18 日第 11 版。

具有竞争力并且形成品牌优势的小微企业只有极少数。小微企业多为劳动密集型企业，这种生产模式决定企业普遍生产技术落后，发展后劲不足。小微企业自身固有的不足，决定了多数企业无法独立地生存，而必须与大中型企业形成分工协作关系，成为大中型企业的配套企业或附属企业。由此可以看出，小微企业在经济发展过程中与大中型企业相比，根本谈不上竞争力。与此相对应的是，虽然我国小微企业数量众多，但生命周期短，重复走着"一年发家，二年发财，三年倒闭"之路，能做强做大的寥寥无几。这样的经营状况导致了小微企业的破产率普遍高于大中型企业。也正是由于小微企业经营持续时间相对较短，退出市场的概率较高，客观上增大了对其注资的风险，过高的经营风险使得金融机构不可能加大对小微企业投资力度。

### 3.1.6 的小微企业的信息不能得到有效传达

信息不对称被认为是造成小微企业融资难的重要原因之一。信息不对称是永恒的，完全的信息对称是不可能的，即使你对你自己也不可能做到完全的毫无保留的信息交流。从科学上讲，信息不对称有其科学的一面，因为人都是自私的，在这种心理作用下，难以完全做到信息对称。我们所希望的信息对称是相对的，在企业管理中，上下各层级间如果能做到相对的信息对称就不错了。

企业管理中，很多管理者利用信息不对称理论来控制下属，达到自己的管理目的。积极的一面是，通过信息不对称，让下属不知道其想知道的信息，产生一种神秘感，从而更好地达到管理目的；消极的一面是，正常该通知下属的信息也像秘密资料一样被藏起来，直接的结果就是影响团队间的工作效率。

信息不对称不能笼统地归为不好，也不能简单地说完全的信息

对称就是好。判断应保障哪些信息的对称性，是利用信息的关键。

无论是国有企业还是民营企业，都有个分级管理的问题，有分级就有级差和权力差别，同级也有不同的岗位差别，信息在这纵横交错的传递中，如何达到交流沟通的目的是每个管理者必须掌握的，习惯性的不加区别式的处理信息的方式是鲁莽和不科学的。

高级的管理者会充分利用信息在企业中的传播作用来达到自己的目的。低级的管理者则不会利用信息的作用，只把信息压在自己的手中，以显得自己知道的多。

### 3.2 从金融机构角度分析

#### 3.2.1 的商业银行对解决小微企业融资问题的意义认识不足

从目前我国情况看，银行在发放贷款时更喜欢投向大企业和政府项目。银行普遍认为大企业不但可以给银行带来所谓的"综合收益"，而且成本费用率低；政府项目则是因为有政府信用做保证，风险远远低于中小企业融资贷款，贷后风险管理成本很小。然而，随着资本市场的发展，银行传统优质大客户正被慢慢分流，大企业将更多地采用直接融资方式，从而降低对银行贷款的依赖度，这会使以利差为主要收益来源的银行业面临巨大挑战。同时，房地产政策的不确定性，将使"土地财政"不能持久支持低收益的政府项目，政府项目的未来走向难以预料。而随着产业结构调整和经济发展方式转变，数量众多的小微企业将越来越为银行业带来更多的利润来源和发展空间。

#### 3.2.2 国有商业银行对小微企业融资存在偏见

当前，我国的金融体系是以国有商业银行为主体，政策性金融机构、股份制商业银行、其他非银行金融机构并存。因国有商业银行的战略指导思想是"重点地区、重点行业、重点客户、重点产

品"，故经营重点就放在了大城市、大客户。相对应的就是服务小微企业融资的组织体系不健全，主要表现有：四大国有商业银行对小微企业融资存在偏见，重国有轻私营、重大轻小、重抵押担保轻信用担保、重短期轻长期的倾向仍然比较严重。所以，尽管在客观上国有商业银行依然是小微企业外部资金的主要来源，但在"规模论""成分论"的经营理念的指导下，无论是经营战略、管理能力，还是机构设置、操作方式等都倾向于大中型企业、大集团、优势产业和优质客户。国有商业银行在主观上对小微企业特别是私营企业有偏见，造成了对小微企业的金融服务效率低下和金融服务理念落后，成为小微企业融资难的一个重要原因。

### 3.2.3 信贷约束机制存在缺陷，信贷服务流程不畅

首先，商业银行执行信贷责任终身追究制极大地制约了对小微企业放贷规模。信贷责任终身追究制将贷款风险与信贷人员的奖金、工资、级别等挂钩，且贷款责任实行终身制，贷款能否顺利收回将直接影响信贷人员的工资、奖金等福利待遇。信贷责任终身追究制过分强调信贷人员放款的风险控制而忽略了激励机制的建设，信贷人员承担了包贷包收、终身责任追究的风险，但未得到相应的收益。权责不对等使基层信贷人员出现多放不如少放、少放不如不放的现象，即使要发放贷款，也主要面向信用度高的大中企业以减少个人所承担的责任。即使有的银行建立了所谓的"尽职免责、失职问责"的责任追究制度和小企业容忍度制度，但各项工作依然停留在口头上，对新增贷款的资产质量继续采取零容忍的政策，不良贷款的责任追究仍然比照大中型企业信贷业务执行，致使银行信贷人员积极性不高。

其次，实行信贷授权授信制度加大了小微企业贷款困难。目

前，各商业银行普遍收回了贷款审批权，基层银行贷款权力非常有限。基层银行虽然了解分布在其管辖范围内的大量小微企业的经营状况，有助于向优质小微企业发放贷款，但贷款审批权上收使基层银行无法直接发放贷款而只向上级银行报送，造成程序烦琐、耗时过长，这与小微企业融资"金额少、频率高、使用急"的特点不对称，易造成小微企业错失良机。并且上级部门由于不熟悉这部分小微企业，在审批基层银行的放贷申请时，为规避风险就更倾向于向自身了解的企业放款，影响了小微企业融资。

### 3.2.4 银企之间的供需矛盾

"一方面是小微企业的融资需求不断扩大，而融资渠道比较狭窄；另一方面小微企业的运作规范程度很难满足银行的信贷条件。在银行的角度而言，相对于主流的贷款业务，小微企业的贷款金额较小，而这与银行的发展思路是有冲突的，部分银行对这种小额、高风险的贷款并没有多大的兴趣。随着我国银根逐渐放松，政府也不断地出台针对小微企业的各类优惠政策，不少股份制商业银行纷纷推出了针对中小企业的贷款产品，这对于解决小微企业融资难的问题仍是杯水车薪。"[①]总之，由于企业的融资需求与银行等金融机构的贷款供给的不匹配，致使两者之间的矛盾很难协调。

## 3.3 从政府角度分析

### 3.3.1 政府公共管理体系不健全

虽然"我国与小微企业融资有关的部门很多，如发改委、人民银行、银监局、金融办、经信委、科技局等都有与小微企业融资有

---

①孙倩倩、张立鑫：《小微企业融资需要新思维》，《合作经济与科技》2013年第11期，第60页。

关的工作内容，但没有明确的主导部门，工作推动实效性不强。人员不足客观上也造成了无人愿意主导、无人能够主导的问题。没有主导部门就无法将政出多门的小微企业支持政策及时梳理、大力宣传，企业也就难以及时全面了解政府优惠政策。部门间协调问题也加大了工作推进难度，一些小微企业信贷政策的指导意见由于缺乏财政支持和管理效力，难以获得实质性效果。"①另外，长期以来，各级政府及部门在政府采购、项目扶持、银行融资等政策上一直向大中型企业倾斜，银行融资政策内容更多是为大中型企业制作，小微企业很难达到其所谓的"标准"。

### 3.3.2 金融法制建设和政策扶持体系不完善

我国小微企业立法进度远远落后于小微企业的发展速度，形成了制度制约。截至目前，我国尚没有一部完整规范的专门为小微企业制定的法律，在大量的行政法规中也只是笼统地称之为"企业"，并没有把小微企业作为特殊的服务对象看待，不能为小微企业融资提供有效的保护。一方面，因为当前金融法制不完善，小微企业贷款出现风险时，法律执行环境差，产生了大量的"法律白条"，银行的债权没有得到有效的保护，小微企业躲逃银行债务现象时有发生，而银行内部对贷款客户经理、部门负责人和签批人的责任追究却十分严厉，这就加剧金融机构，特别是经办人员对小微企业放贷的"吝啬"。另一方面，国家虽然颁布了一些向小微企业倾斜的信贷政策，但是还未形成完整的支持小微企业发展的金融政策体系，大多数社会资源（包含信贷资金）主要还是流向了大企业，致使小微

---

①陆心懿:《当前小微企业融资体系存在的问题及完善措施》,《浙江金融》2013年第2期,第78页。

企业的融资仍然受到了影响。近年来，国家的许多政策仍然按照企业规模和所有制性质制定并实施，小微企业与大企业相比，在适用政策方面显失公平。

### 3.3.3 信用担保体系不成熟

信用担保一般来说，是指"由信用担保机构与债权人约定以保证的方式为债权人提供担保，当被保证人不能按合同约定履行债务时，由担保人进行代偿，承担债务人的责任或履行债务，这是一种信誉证明和资产责任结合在一起的金融中介行为"。[1]自 1998 年我国中小微企业信用担保业试点以来，至今已有 15 年的时间。15 年来，在各级政府的强力推动下，以中小微企业为服务对象的中小微企业信用担保机构得到了快速发展，为破解中小微企业融资瓶颈问题发挥了重要作用。但是，我国目前信用担保体系还不成熟，并在一定程度上阻碍了其解决融资难问题。信用担保体系不成熟主要表现在以下七方面。

一是缺乏有效的政府管理。2010 年 3 月 8 日，由国家银监会、国家发改委等七部委联合颁布的《融资性担保公司管理暂行办法》初步确立七部委监管下的部际联席会议负责协调相关部门，共同解决融资性担保业务监管中的重大问题，并授权各省、自治区、直辖市建立融资性担保公司属地管理的监管体系。然而，"政府对于中小企业信用担保机构缺乏有效的管理。要么是由于政府出资等原因，过分行政干预，使担保业务的市场化运作受到限制，甚至要为政府

---

① 尹惠斌：《完善我国中小企业信用担保体系的对策分析》，《湖南财政高等专科学校学报》2010 年第 3 期，第 52 页。

项目做担保；要么管理过松，使得中小企业信用担保机构可以随意制定标准、增加收费项目，反担保手续过于严格，严重加重中小企业负担，造成担保机构的职能错位。"①

二是小微企业信用评价体系不完善。一般来讲，如果给小微企业融资，需要从其借款信用、商业信用、财务信用、纳税信用等多个方面进行考察。这是银行等金融机构保障其对外贷款安全有效的方法。但是，"中国正处于经济体制转轨时期，市场化程度不高，信用体系建设落后，失信现象频发，社会信用秩序十分混乱。全国尚未形成统一的中小企业信用征集、登记和评估系统，绝大多数中小企业没有信用记录，信用担保机构无法从自身以外的任何机构获得关于中小企业的信用信息，从而使担保机构为中小企业提供贷款的风险和成本大为提升"。②

三是缺乏风险分散机制。银行倾向于选择大行业、大客户作为服务对象，对于投向企业的贷款也是十分谨慎。同时，银行和小微企业信用担保机构的权利和义务不对等，许多银行都将小微企业的贷款风险转嫁给了担保机构。这样不仅造成了担保机构责任与能力的不对等，也弱化了银行对企业的考察和评估，客观上进一步增加了担保公司的潜在风险，严重制约了担保机构的发展和担保业务的开展。

四是部分担保机构运作不规范。有的担保机构注册后就转移资本，形成虚假出资，造成资本金不实；有的担保机构不从事小微企

① 陈宏彦、王静：《完善我国中小企业信用担保体系的思考》，《中国农村信用合作》2005年第2期，第32页。

② 董红霞：《中小企业融资信用担保体系建设研究》，《经济研究导刊》2012年第34期，第82页。

业贷款担保，而热衷于证券投资或者是运作担保贷款等，骗取银行资金；有的担保公司的单户担保贷款超过规定水平。

五是担保机构人员素质有待提高。担保业务是一项综合性的工作，并具有较大的风险性，需要符合现代要求的高素质复合型人才。但目前许多担保机构缺少具有担保专业知识和信贷管理知识的复合型人才，从业人员素质普遍偏低，在担保业务调查和管理上存在不到位的现象，在一定程度上阻碍了担保机构的快速发展。

六是部分小微企业信用观念淡薄，诚信意识较差。目前我国信用管理体系还不健全，相关法律法规和失信惩罚机制不完善，对借款人和被担保人缺乏严格的监督制约机制。在经营过程中，有的企业采取非正当手段对债务逃、废、甩、赖，有的企业从融资之日起就缺乏偿债意愿。

七是担保业相关的法律法规建设滞后。在我国，相关法律法规建设严重滞后于担保行业的发展，现行的《中华人民共和国担保法》是规范担保行为而不是规范担保机构的，其调整对象是一般企事业或自然人担保的民事行为。2003 年颁布的《中华人民共和国中小企业促进法》只是简单地说明"有关中小企业信用担保的管理办法由国务院另行规定"。而 1999 年颁布的《关于建立中小企业信用担保体系试点的指导意见》等 10 余部中小微企业融资信用担保的配套性法律文件，也没有具体地指明信用担保体系的性质、地位、作用等基本问题。也就是说，到目前为止，还没有专门的法律法规及规章来规范和保护担保行业。而且，担保行业到目前为止还没有准确的法律定位，没有建立准入制度和规范的运行机制，仅有的部门规章只属于指导性文件，缺乏法律法规的强制性要求，使得实际执行

过程中的效力和作用受到影响，难以对担保行业整体和该行业所涉及的社会关系进行较为全面的调整，也难以提供有效的政策支持和保护，不利于信用担保行业的发展。

### 3.3.4非法集资的影响和冲击

在我国，非法集资尚无统一的法律定义，目前较为通行的是1997年1月中国人民银行颁布的《关于取缔非法金融机构和非法金融业务活动中有关问题的通知》第1条的规定："非法集资是指单位或者个人未依照法定程序经有关部门批准，以发行股票、债券、彩票、投资基金证券或其他债权凭证的方式向社会公众筹集资金，并承诺在一定期限内以货币、实物及其他方式向出资人还本付息或给予回报的行为。"

国务院办公厅2007年7月发布的《关于依法惩处非法集资有关问题的通知》中，给出了非法集资的主要特征：一是未经有关监管部门依法批准，违规向社会（尤其是向不特定对象）筹集资金。如未经批准吸收社会资金；未经批准公开、非公开发行股票、债券等。二是承诺在一定期限内给予出资人货币、实物、股权等形式的投资回报。如以提供种苗等形式吸收资金，承诺以收购或包销产品等方式支付回报；以商品销售的方式吸收资金，以承诺返租、回购、转让等方式给予回报。三是以合法形式掩盖非法集资目的。为掩饰其非法目的，犯罪分子往往与受害者签订合同，伪装成正常的生产经营活动，最大限度地实现其骗取资金的最终目的。

非法集资涉及面广，危害极大，扰乱了社会主义市场经济制度。非法集资以高回报、高利息为诱饵，以非法获取资金为目的，操控巨额民间资本，冲击金融市场，扰乱正常金融管理秩序，阻碍

小微企业融资，影响经济健康发展。

## 4 解决小微企业融资难的对策及建议

### 4.1 对小微企业的建议

#### 4.1.1 提高自身竞争能力，增强银行的融资信任

一是小微企业要增加科技方面的资金投入，加快新产品开发和技术改造的步伐，大力发展科技含量高、技术先进和具有较强市场竞争力的产品，加快产品更新换代速度，提高经济效益和市场竞争力，进一步增强银行对小微企业放贷、增贷的信心。二是小微企业要实现自身发展转型，努力向专业化、精细化和特色化以及加工型、出口型、科技创新型、信息服务型和资源综合利用型等方面发展。通过提升小微企业自身的生存能力和竞争能力，提高其盈利能力，以此提高其自身"造血功能"，从根本上解决小微企业融资难问题。

#### 4.1.2 建立健全管理制度，提高企业的自身素质

一是建立健全产权明晰的现代企业制度。突破小微企业家族式管理的现状，严格按照《中华人民共和国公司法》的要求，建立起同市场规律相匹配的产权明晰的现代企业制度，实行所有权和经营权的分离，广泛吸收家族外的投资，以充实经营资金、分散经营风险。二是建立内部控制机制。严格按照相关法律法规完善内部控制机制，通过制度建设规范企业生产、经营等行为，提高产品质量和品牌建设，通过抓质量、讲信誉，扩大企业和产品的知名度，提升市场占有率。

#### 4.1.3 加强企业财务管理，提高企业资信度

小微企业由于规模的原因，平时业务量较少，聘用的财务会计人员一般水平不高，因此会造成信息不准确，影响小微企业的资信度。小微企业可以采用委托代理财务公司的方法，进行财务处理，

在客观上能够减少公司工资成本，减轻企业负担，而且能够规范财务的管理，与税务部门进行良性的沟通，方便潜在投资者对企业进行整体的审视，易于公司管理层对企业进行有效管理。

小微企业在完善自身财务制度的基础上要加强与银行等金融机构的沟通。金融机构对小微企业进行全方位的了解，便于金融机构对其进行资信评估。在此基础上，金融机构可以为小微企业提供融资计划，深入到企业的经营中去。

### 4.1.4 拓展融资渠道，尝试新的融资方式

小微企业在当前采取的融资模式主要有贷款、发行股票与债券等形式，此外，可以采取金融机构较为先进的融资方式进行融资，比如典当、同业拆借、租赁、票据贴现等，通过寻找合作伙伴、协议贷款、吸收多方投资等手段实现融资。同时，应做好资金计划，做到融资方式的多样化，实现融资规模的合理化。

小微企业主要有两种融资方式：一是引进风险投资。"风险投资，又称创业投资。广义的风险投资泛指一切具有高风险、高潜在收益的投资，一般是指在创业企业发展初期投入风险资本，待其发育成熟后，通过市场推出机制将所投入的资本由股权形态转化为资金形态，以收回投资，取得高额风险收益。"[①]风险投资不但能够给企业提供发展所需要的资金，而且因为风险投资公司的管理者有着丰富的管理经验，可以为企业发展指明方向，为企业上市铺好道路。投资人将风险资本投入企业，在承担风险的同时提供股权投资和增值服务，促进企业快速成长，然后通过上市、兼并、股权转让方式

---

① 吕逸楠:《解决小微企业融资难的对策研究》,《企业导报》2013年第9期，第37-38页。

撤出资金并获取高额回报。小微企业通过风险基金和民间资本融资，可以借助外部资金加快成长，并发展壮大。二是通过典当行进行融资。小微企业经常有临时性或应急性的融资需求，通常具有贷款额度小、资金需求急、需求频率高的特点，如果向银行借款，往往需要经过借款申请、信用申请、贷款审批等环节，手续烦琐，时间跨度较长（少则几周，多则几个月），很可能会贻误商机，无法解决企业的燃眉之急。而典当行在这方面相较银行有明显优势，只要提供符合规定的当物，相关证件材料齐备，既可取得当金，时间跨度短（最短几分钟，最长不过六七天）。因此，与银行贷款相比，典当融资更能满足中小企业对周转资金的急需。

### 4.2 对金融机构的建议

#### 4.2.1 转变观念，正确对待小微企业的融资需求

要充分认识到通过融资支持小微企业发展，既是支持地方经济发展的客观需要，也是银行改善资产质量、分散信贷风险、寻找新的效益增长点的客观要求。

#### 4.2.2 调整重点，加快健全小微企业信贷服务组织体系

尽管我国对小微企业标准的认定仅有一年，但近年来部分金融机构积极开展"蓝海战略"，开始关注和建设小微企业信贷服务体系，金融部门对中小微企业的融资持续增长。据中国人民银行 2011 年年报，截至 2011 年末全国金融机构中小企业贷款余额 21.8 万亿元，同比增长 18.6%，增速比大型企业贷款高 7.1 个百分点。其中，小企业贷款余额 10.8 万亿元，同比增长 25.7%，增速分别高于大型和中型企业贷款 14.2 和 12.5 个百分点。

从实践看，传统个人商户贷款和小企业贷款仍然是小微企业信贷服务主要对象，部分金融机构在此基础上创新金融工具，如工行

推出的小企业循环借款，在合同规定的额度和有效期内，客户通过网银自助进行循环借款和还款；邮政储蓄银行引入了德国复兴开发银行的小微企业信贷模式，结合国内经济、信用环境现状，探索出了一套符合自身经营特点的小微贷款经营模式；包头商业银行对微小企业适用的"重信用轻担保、重经营轻抵押、以现金流为核心"的风险识别判断技术得到了业内的广泛赞誉和认同；民生银行的"商贷通"和招商银行的"生意贷"等信贷产品在支持小微企业方面做出了一定的贡献。此外，还有银行间债券市场直接融资工具创新，符合条件的中小企业在银行间债券市场运用短期融资券、中小企业集合票据等多种债务融资工具融资，拓宽中小企业融资渠道。

### 4.2.3 立足实际，全面建立科学的信贷服务管理体制

一是制定出台完善、合理、切实的小微企业信用评级制度，使小微企业的资信状况和信贷能力通过信用评级能够科学合理地反映出来，为贷款审批和发放提供便于操作的可靠依据。对小微企业授信等级和授信额度要依据其经营效益、信用等级等方面的变化，实行动态管理。优质小微企业在有效期和额度范围内可以循环使用授信等级和授信额度。

二是改进贷款授权授信管理制度。本着有利于解决小微企业融资难和促进银行业务发展的目的，合理修改现有的授权、授信管理制度和贷款责任追究制度，增加基层银行和信贷人员的贷款权限，允许基层银行在核定的贷款额度内自主地审查发放贷款。

三是建立高效的贷款审批制度。积极顺应小微企业特点，减少对客户的管理层次，在有效控制风险的前提下，灵活授信，逐步建立贷款办理时限制度，简化信贷审批程序，提高信贷审批效率。

四是完善贷款发放与管理的激励约束机制。要制定专门的小微

企业贷款业绩考核和奖惩制度，将信贷人员的收入与其业务量、效率和贷款质量等综合效益指标挂钩。同时，针对部分银行过分强调风险考核造成信贷人员奖惩不对称，严重影响其放贷积极性的做法，要探索建立相应的授信工作问责和免责制度，并对信贷人员失误和失职要严格界定。

五是建立差别浮动利率机制。"鉴于小微企业规模小、抵御风险能力差的特点，结合小微企业的发展阶段、风险水平、资金能力等因素，银行应设定小微企业贷款的浮动区间，具体化小微企业贷款利率，针对不同的企业实行差异化浮动利率政策。"①

六是建立信贷人员定期培训制度。小微企业贷款审批水平的高低，人的因素至关重要。各商业银行要配齐配强专门为小微企业服务的人员队伍，加强信贷人员的业务培训，掌握小微企业贷款理念、方法和特点，使之具备一定的专业技能和行业知识，确保有关政策得到落实、有关程序得到执行。

七是建立银企沟通联系机制。银行应积极加强与小微企业的沟通联系，有助于建立良好的银企关系。银行平时对小微企业的经营状况进行充分了解，可以有助于预测企业的发展前景，客观地评估其财务状况和信用情况，有效补充现有信用评估系统的不足，降低信息不对称的影响。如果在企业提出贷款申请后，可以做到简化审查手续，有利于降低业务成本，提高工作效率。

4.2.4 因地制宜，大力推进小微企业贷款产品创新

提供优质服务，使顾客满意是商业银行一项复杂的系统工程。

---

① 李娜：《新经济环境下小微企业融资策略研究》，《商业会计》2013 年第 3 期，第 81 页。

顾客的需求和偏好是不断变化的，小微企业由于数量多、情况杂，其需求和偏好的变化更加复杂。这就要求金融机构改善信贷管理，扩展服务领域，不断开发适应小微企业发展的金融产品，调整信贷结构，正确处理好使顾客满意和创造利润之间的关系，为小微企业提供信贷、结算、财务咨询、投资管理等方面的服务，从而获得利润。"银行在贷款条件、贷款方式、利率定价、担保机制、风险管理以及贷款考核机制等方面进行制度创新，采取自主灵活措施，最大限度地满足中小企业贷款需求，如根据中小企业生产经营特点，积极推广房产和商铺抵押贷款，商标权、专利权质押贷款，中小企业联保贷款，存货抵押贷款，仓单质押贷款，应收账款质押贷款等适合中小企业融资需求和风险收益特点的产品套餐。"[1]在工作中，我们要注意发现和推广商业银行可相互借鉴的贷款产品和贷款模式，如华夏银行"龙舟计划"最核心和最显著的特点是"小、快、灵"，"小"体现在专为小微企业服务，"快"体现在服务方便快捷，"灵"体现在产品灵活多样；重庆分行就结合重庆市场的实际情况和当地小微企业生产经营和资金需求特点，先后研发和推出了循环贷、增值贷、助力贷、快捷贷、商圈贷、房抵贷、联保联贷、法人房产按揭贷、网络自助贷、宽限期还本付息贷、POS 商户小额信用贷等一系列"龙舟计划"小微企业专享的金融产品；而深圳发展银行"面向中小企业"和"面向贸易融资"的全链条融资模式也是值得借鉴的，这样可以发挥民营企业贷款风险补偿机制作用，鼓励银行提供适合民营企业特点的买方贷款、出口信贷、无形资产担保贷款、票据贴现、股权质押贷款等多样化金融产品，促进银行、

---

[1]孔曙东：《国外中小企业融资经验及启示》，中国金融出版社，2007，第 179 页。

担保机构和民营企业间的良性互动。此外，"以招商银行为代表的小微企业贷款产品'生意一卡通'，面向全国广大小微企业主、个体工商户。作为招商银行小微贷款品牌'生意贷'全面升级推出的创新产品——'生意一卡通'是集融资、结算和生活于一体的小微企业专属金融服务工具。在'一卡通'借贷合一的平台上，将小微企业贷款与配套金融服务结合起来，实现了借款、还款的远程自助办理，增值服务的一站式体验，为小微企业经营者搭建了便捷的金融服务平台。"①另外，金融机构还需创新可以覆盖小微企业风险的利率水平。由于小微企业本身存在较高的失败率，利率覆盖风险是贷款的前提，对小微企业的贷款可以容忍较高的利率水平。目前，我国贷款利率已经放开，金融机构需要在精算的基础上确定一个既能覆盖相应风险，又能符合小微企业承受能力的利率。

## 4.3 对政府的建议

我们可以欣喜地看到，近年来，小微企业的发展已经越来越受到了各行各界的关心和重视。2000年9月，国务院办公厅转发了国家经贸委《关于鼓励和促进中小企业发展的若干政策意见》；2002年6月颁布实施了《中华人民共和国中小企业促进法》；2005年7月，中国银行业监督管理委员会制定印发了《银行开展小企业贷款业务指导意见》等，针对小微企业在发展中的难点问题，提出了具体的扶持政策和工作措施；2011年10月12日，国务院出台了支持小型和微型企业发展的9条金融财税政策；2012年国务院出台的《关于进一步支持小型微型企业健康发展的意见》，强调了提高增值

①燕青：《已经启程 仍需奋力前行——改善小微企业融资之我见》，《金融管理与研究》2013年第4期，第29页。

税和营业税起征点，同时提出"加快发展小金融机构"，拓宽融资渠道；2012年3月，国务院常务会议批准在"民营经济发达，民间资本充裕，民间金融活跃"的温州开展金融综合改革试点，引导民间融资规范发展，提升金融服务实体经济的能力；2013年8月国务院办公厅发布《关于金融支持小微企业发展的实施意见》，继续出台小微企业政策红包；2013年11月，党的十八届三中全会通过的《中共中央关于全面深化改革若干重大问题的决定》中则指出，"坚持权利平等、机会平等、规则平等，废除对非公有制经济各种形式的不合理规定，消除各种隐性壁垒"，激发非公有制经济和小微企业的活力与创造力。

新形势下，我们要结合实际，积极发挥政府及政府部门的主观能动性，推动小微融资困境的解决。

### 4.3.1 成立专门为小微企业融资进行服务和监管的政府机构

1953年美国国会通过了《小企业法案》，依据该法案成立了美国联邦小企业管理局，其处于美国总统的全面指导和监督之下，负责支持和帮助小企业融资。日本于1948年在通产省内设立了中小企业厅，下设中小企业厅派生机构、中小企业审议会、社会团体与企业联合会，是日本中小企业最高的行政管理机构，以健全的行政管理为保证，以系统的立法、政策和计划为手段，以价格、信贷和税收为杠杆，对中小企业的发展发挥着重要的干预和调节作用。

在我国，2009年成立了国务院促进中小企业发展工作领导小组，领导小组办公室设在工业和信息化部。工业和信息化部内设中小企业司，承担中小企业发展的宏观指导，会同有关方面拟订促进中小企业发展和非国有经济发展的相关政策和措施；促进对外合作交流，推动建立完善服务体系，协调解决有关重大问题。但是许多

　　地方针对小微企业的服务管理机构还不健全。目前，最紧迫的任务就是结合各地实际，理顺小微企业服务管理机制，明确小微企业服务管理机构，做好对小微企业发展的指导工作，为小微企业提供财政支持、争取融资服务、加强管理咨询、强化人员培训、提供信息服务和予以技术支持等，以推动小微企业的快速发展。

　　政府中小微企业服务管理机构明确后，要积极发挥红娘作用，构建交流平台，为银企增进相互了解，促进双方合作。要提供场所与机会建立政府、银行与企业之间的协调沟通机制。要促进银行和企业之间的联系沟通，积极推进银行和企业间的交流，增强银行对企业的了解，为银行增加小微企业的信贷投入创造机会，具体可通过举办银企座谈会、金融项目推介会等形式，使银行积极向企业宣传金融政策，推介金融产品；向银行推荐市场销路好、行业发展有潜力的小微企业，向企业介绍适合的金融产品。要认真研究解决银企之间存在的问题和不足，推动银企建立良好的合作关系；在银企之间发生矛盾时，要主动介入、化解矛盾。在促进银企合作过程中，既要促使银行转变经营理念，将发展前景好、信息度高的小微企业纳入视野，也要帮助其防范和化解金融风险；既要关心银行放贷，更要关心企业还款，积极推动银企之间良好合作关系的深化，实现互利互赢的目的。要出台可操作的政策性融资措施，开展融资业务新品种的研究与创新，制定有利于小微企业与金融机构合作的规则，完善小微企业融资支持体系。要协调担保、评估、金融等部门之间的关系，提高办事效率，为小微企业提供高效率、低成本的社会环境和周到便捷的服务。要积极鼓励前景好的小微企业争取上市，通过股票发行募集社会资金。

　　据《大众日报》2013年11月23日载：为全面落实十八届三中

全会关于"落实金融监管改革措施和稳健标准，完善监管协调机制，界定中央和地方金融监管职责和风险处置责任"的精神，针对辖区小额贷款公司、融资性担保公司、民间资本管理公司等各类新型金融组织的不断涌现，山东省已确定在各市县设立地方金融监管机构，并将于2013年底前挂牌运转，以此推动加快建立健全地方金融监管体制，实现地方金融工作职能加快向服务和监督管理并重转变。地方金融监管机构的主要职责包括依法制定地方金融监管规则和办法，审核、审批新型金融组织和交易场所的设立、变更、终止以及业务范围，对新型金融组织、交易场所的业务及其风险状况进行监管，建立地方金融风险突发事件处置预案，等等。可以说，山东省出台的办法对加强金融监管能起到很好的示范作用。

### 4.3.2 加大政府资金的支持力度

小微企业资金来源的一个重要组成部分就是政府资金支持。从世界各国的情况来看，政府资金的支持一般能够占到小微企业外源融资的10%左右。虽然目前我国小微企业政策性融资已经达到全部融资的9%，但是在这其中还包含了政策性银行贷款、国际金融组织援助开发贷款等，单纯财政支持的资金还占不到小微企业全部融资的1%，可以说，政府对小微企业的资金支持还是很有可挖掘的潜力的。我们应该积极借鉴国外经验做法，从专项扶持、财政补贴、税收优惠、贷款援助、风险投资等方面健全完善我国小微企业资金扶持政策体系。

一是推动财政直接扶持。在财政资金支持方面加大力度，中央财政预算扶持小微企业发展的专项资金逐步扩大规模，重点支持小微企业技术创新、市场开拓、节能减排、结构调整、扩大就业等。政府应设立专门基金，支持大学生创业、小微企业升级改造和技术创新，引导支持小微企业的创新创业。

二是加大税收优惠力度。建立小微企业的税收优惠政策，比如，可以采取税收减免、降低税率、提高税收起征点和提高固定资金折旧率等方式。其中税收优惠是最直接的资金援助方式，各种税收优惠措施的采取可以有效降低小微企业的税收，有利于小微企业资金的积累和增长。同时，政府还可以通过制定相关的优惠政策，引导小微企业的投资方向，改善小微企业的结构。

三是加大财政补贴力度。通过研发补贴、就业补贴、出口补贴等措施，鼓励并引导小微企业吸纳就业、扩大出口、促进创汇和推动科技进步。

四是加大政府贷款援助力度。积极借鉴国外经验，通过贷款担保、贷款贴息、政府直接的优惠贷款等形式帮助小微企业的初创、技改和出口。如，美国对小微企业的贷款援助采取的是以贷款担保为主的形式，美国中小企业局的主要任务之一就是以担保形式促进银行向小微企业提供贷款。而日本对小微企业的贷款援助以政府设立的"中小企业金融公库""国民金融公库""环境卫生金融公库""商工组合金融公库"等专门金融机构为主，向小微企业提供低于市场利率2—3个百分点的较长期的优惠贷款。另外，日本政府还设立了"信用保证协会"和"中小企业信用公库"等，为小微企业从民间银行贷款提供担保。

五是对特殊企业加大扶持力度。如，对下岗职工创办的小微企业或安排下岗职工的企业，可一次性拨付下岗职工一年的下岗生活救济费给企业使用；对于因经济状况不景气造成的企业停产或破产而陷入困境的小微企业，应提供紧急资金援助；对于平时经营状况良好，受自然灾害而损失严重的小微企业，政府应在资金上提供无息贷款，帮助其渡过难关。

六是在政府采购中予以支持。在政府采购中，可以规定一定比例给小微企业。也可以在政府采购中规定，大企业必须向小微企业分包一部分产品。

七是政府支持创办信用补偿基金。"可以由市政府安排财政资金设立信用补偿基金，建立合作风险机制，建立'小微企业风险补偿基金'。该基金部分可由政府支付，每年设定特定的比例提取，市县政府要辅助相应的支付措施。该补偿基金实行专款专用，专用于对涉小微企业贷款的银行进行相应的风险补贴，对此进行奖励，降低金融机构的风险。"① 但是，"风险补偿机制既要充分体现政府的支持力度，又要科学把控整体风险，防止政府过度或风险资金审批失控。科学风险补偿一定要形成风险共担、利益共享的机制，有效引导资金投向与经济发展规划步调相一致，为稳定实现调结构促发展进行有益探索"②。

### 4.3.3 改善小微企业融资环境

探讨建立面向中小企业的"政府—中介—银行—企业"共建的融资平台，优化小微企业融资环境，逐步解决制约企业发展的"融资难"问题。一是鼓励设立愿意为小微企业服务的社区银行。设立社区银行并配套相应的贷款保险和合理利率是国外解决小微企业融资难的重要经验。社区银行更贴近社区，也就更了解贷款企业实际情况，可以更大程度上缓解信息不对称缺陷③。

---

① 覃昌令：《重庆小微企业发展融资难问题探析》，《经济研究导刊》2013年第13期，第158页。

② 王长利：《深度、多维、理性支持小微企业融资》，《会计之友》2013年第4期上，第55页。

③ 姜隅琼：《成思危：发展社区银行解决小微企业融资难》，《上海证券报》2013年7月15日第2版。

二是鼓励银行推出面向小微企业的金融产品。金融机构应改善信贷管理，扩展服务领域，不断开发适应小微企业发展的金融产品，调整信贷结构，为小微企业提供信贷、结算、财务咨询、投资管理等方面的服务。

三是加大政策性扶持力度。探索设立小微企业发展专项资金、技术创新资金、服务业发展资金、小微企业国际市场开拓资金和农产品加工龙头企业专项资金等各项扶持政策。突出服务业领域小微企业的发展扶持力度，重点支持发展科技型、环保型、与大企业协作配套型和商贸企业连锁经营型的"成长型"企业，支持其技术改造和产品创新。另外，"政府可建立关于小微企业知识产权认定、质押的相关工作规范，并完善知识产权评估标准，设立知识产权交易平台，使知识产权交易过程公开、透明，实现科技与金融高效对接。中关村进行了知识产权质押试点工作，反响极好，通常是'第一周审查、第二周审批、第三周资金到账'，实现了科技型企业无抵押的融资梦，助力科技型小微企业腾飞"①。

四是突出减轻小微企业初创期发展负担。可借鉴湖北或佳木斯做法，对大中专毕业生、下岗失业人员申请个体工商户登记，除经营前置审批的事项外，可申请半年试营业，期间免费核发临时营业执照，试营业期间免征各种税费。

五是通过清理金融服务收费为小微企业减负。加大对金融服务收费的梳理和整顿力度，严禁金融机构利用企业贷款乱收费，降低小微企业的融资成本。

六是"及时为小微企业在选择经营项目、引进技术、管理人才

---

①谷华：《破解小微企业融资难题——以辽宁省小微企业为例》，《财会月刊》2013年第6期，第64页。

等方面提供信息服务，经常性地与辖区法庭的司法部门进行互动，引导企业走上良性竞争、有序发展之路"①。

### 4.3.4 完善小微企业信用担保体系

一是规范政府的角色和作用。要进一步明确信用担保行业的主管部门和相关部门的责、权、利，避免产生政出多门、多头管理的现象。要进一步弱化行政干预的力度，坚持信用担保机构"市场化运营、企业化管理"的原则，采取更加审慎的监督策略，将监督的视角放在宏观层面，尽量避免对信用担保机构采取直接行政干预行为，用市场化的运作规律规范和监管信用担保机构，确保信用担保体系能依照市场经济市场规律正常运行，独立自主地开展业务，确保信用担保体系稳定健康发展。

二是适当确定担保比例和担保规模。金融机构应认真执行中国人民银行〔1999〕379 号文件关于"利益共享，风险共担"的原则，通过签订协议明确双方责任，与信用担保机构分别承担风险，而不应由担保机构全部承担。在对小微企业贷款中，信用担保机构为协作银行贷款的 80% — 90%提供担保，而协作银行承担 10% — 20% 的风险，这样，既可以增强双方的责任感，有效地防范和控制贷款企业的信用风险，也可在一定程度上分散担保机构的风险责任，有利于银行和担保业的共赢。目前，我国信用担保体系构建不完善、不规范，从安全角度考虑，应建立风险控制目标。贷款放大倍数不宜过大，宜定为资本金的 5—10 倍，即在资本金规模较小时，担保倍数定为 5 倍左右较妥；资本金规模扩大后，担保倍数可增至 10

①安海涛、张庆东:《建立风险防控机制，规范小微企业经营》,《人民法院报》2013 年 11 月 14 日第 5 版。

倍或更多。

三是实施小微企业信用工程。一方面，各级政府及相关部门要加快建立小微企业信用评级和信用登记制度。通过建立信用评级和信用登记制度，构筑社会信用体系网络，形成公开、有效、社会共享的信用资源，使信贷担保作用得到发挥，促进金融机构给小微企业提供贷款。同时，通过企业信用制度的建立，促使企业按时还款，推动信用担保机构做大做强，从而支持更多的小微企业。另一方面，各级政府及相关部门要建立失信约束和惩罚机制。对企业失信行为进行依法处罚，同时还要明确失信企业责任人的法律责任，特别是明确企业法定代表人、负责人和相关直接人的法律责任，并加大其失信的成本。此外，要积极引导小微企业重视信用意识的培养，培养其将信用作为无形资产来经营的理念。

四是建立健全担保人才的培养机制。有关部门、大专院校、小微企业信用担保机构应采取多种形式，加大评估、财会、管理、法律、投资等专业人才的培养与培训力度，实施灵活高效的育人、选人、用人机制，尽快建设一支洞悉理论、熟悉业务、精通操作以及忠于事业、诚信可靠、敬岗爱业、遵纪守法的人才队伍。同时，对岗位实行明确的责任制，增强从业人员风险责任意识，促进行业良性发展。

五是建立信用担保行业协会和行业准入制度。"我国的信用担保行业仍处于发展期，且理论界对担保规律的研究尚且浮浅，各家担保机构的从业人员对自身业务规律和规则的掌握与熟练运用也尚需时日，因此尽快成立信用担保协会势在必行。（担保协会）根据国家的法律法规，对担保机构的准入、退出制度，财务的内控制度，业务范围和操作流程，风险防范、承担行业管理及自律等方面的规

定履行职责。同时要承担担保业务培训、信息咨询及对外交流、维护担保机构的合法权益等重任，建立担保公司统计报表制度，积极开展对中小企业信用担保机构的资信评级，依法规范其担保行为。"①同时，由于小微企业信用担保与一般的担保相比，有较强的政策色彩，是国家发展小微企业的重大战略措施，所以，担保机构的进入除了应具备一般担保经营活动的基本条件外，还要具备一些特殊条件，也就是说要设立一定的行业准入。如：相关业务人员应占一定比例，熟悉和了解小微企业担保市场和小微企业经营状况的专业人员应占一定比例，应有足够的注册资金等。

### 4.3.5 引导和规范民间金融，预防和处置非法集资

民间金融具有信息交流快、运作灵活的特点，适应了小微企业的融资需求。民间金融由于具有加强的地缘性和人缘性，使其对所提供融资的小微企业非常熟悉，有效解决了与小微企业之间信息不对称的问题，而且借贷手续简便，解决了小微企业难以从正规金融途径获得资金的缺口的问题，支持了小微企业的发展。由于民间金融机构具有组织成本低、机制灵活、效率较高、对企业资信较为了解等市场经济的特点和优势，因此，我们应将体制外的民间金融机构纳入正式制度安排之中，将民间的金融业纳入有组织、有管理的系统之中，充分发挥其积极作用。也就是说，对民间金融、民间资本要采取疏导与规范相结合的原则，在通过立法赋予其合法地位的同时，还应对其进行适当的规范和监管。

而对其中的非法集资的问题，则要坚决予以打击处理。一是金

---

① 贾海涛：《政府在中小企业信用担保体系建设中的作为研究》，《区域金融研究》2011 年第 7 期，第 83 页。

融监管部门要加强监管力度。银监部门作为查处非法集资的牵头部门，应明确责任，制定相应的管理细则，在日常业务工作中注重发现非法集资的苗头、倾向，力争将非法集资案件消除在萌芽状态。对公安机关提交认定的案件，要及时组织专门力量认定。同时，要主动配合公安机关打击非法集资违法犯罪活动。二是工商行政管理部门要严格执法。工商行政管理部门要严把公司、企业登记注册和经营范围核定关，建立相应的制度，定期详查公司人员、公司经营项目和经营方式等方面的真实性；要认真监控企业经营内容，发现问题及时处理，防止非法集资行为做大；要把好企业年检关，定期清理"空壳"公司、企业；要积极配合司法机关和金融部门开展的对非法集资违法犯罪活动的查处工作。三是公安机关要充分发挥职能作用，强化侦查破案。公安机关要时刻关注非法集资犯罪活动的规律特点，始终保持严打的高压态势，把群众反响大、社会影响面广的重大案件作为主攻目标，力争快侦快破，最大限度地追缴赃款赃物，为人民群众挽回经济损失；要建立专门的打击非法集资违法犯罪活动的控制力量，在重点行业、重点领域和重要部位建立控制阵地，在重点行业和人群中组建秘密力量，构建立体交叉的控制网络，以便能够及时发现非法集资行为，最大限度地降低危害程度，把人民群众的损失降到最低，为侦查破案创造有利条件。四是检察院、法院对于移送审查起诉、提出公诉的非法吸收公众存款、集资诈骗案件，要组织专门力量尽快起诉、尽快审理、依法判决。五是政府各相关职能部门要加强宣传，增强群众的法制意识和风险意识。政府各相关职能部门要充分利用报纸、电视、广播、网络等媒体，向群众介绍非法集资的特点、手段、危害，及时通报非法集资案件的查处情况，增强群众自我保护意识和参与非法集资风险自担

意识，自觉抵制非法集资活动。同时，利用社区板报、宣传栏等形式进行宣传教育，使投资者在遇到类似非法集资的诱骗时，能够识破集资者的骗局，有效保护个人财产安全。

### 4.3.6 推进小微企业和相关领域的立法和执法

小微企业稳定发展的基本保障是建立健全法律法规。在我国，应将小微企业法律建设放在基础地位加以制定和实施，使之成为小微企业政策的纲领。前期，我们已经制定出台了一些法律法规和部门规章，如前面提到的《中华人民共和国中小企业促进法》以及涉及税收、劳资、工商行政管理等方面的相关法规，在一定程度上为小微企业的创立和发展提供了法律保障。但是，我国的小微企业和相关领域的立法还很不完善。为此，要健全完善小微企业法律支持体系，即政府通过立法，明确小微企业在国民经济中的地位，努力克服不利于小微企业发展的各种经济、社会障碍，为小微企业的发展铺平道路。同时，通过制定实施法律塑造小微企业公平竞争的环境，如反不正当竞争法、反对限制竞争法、禁止垄断法、公平交易法、消费者权益保护法、专利法、商标法、折扣法等。同时对不正当竞争行为和垄断行为及其他限制竞争的行为，既可以采取行政性的处罚方式，也可以采用承担民事责任的方法，还可以动用刑法手段加以制裁。

另外，还应建立和完善非法集资管理和处置方面的法律法规体系。在刑法中设置"非法集资罪"，从刑事角度从严惩处越演越烈的非法集资犯罪行为。要适时出台诸如《放贷人条例》《反高利贷法》等法律法规，从法律上明确民间借贷与非法集资的法律界定、行为规范、利率区间、抵押担保、纠纷处理等，为民间借贷构筑一个合法规范的平台。政府应尽快制定《社会集资管理条例》，将社会集资

的对象、范围、额度、投向及评估、管理、审批程序以法律的形式固定下来，以规范社会集资行为，保护投资者合法权益。

## 5 结 论

改革开放以来，小微企业对国民经济的贡献越来越大，特别是在满足人们多层次需求、实现社会化专业协作、追求创新和增加社会就业总量等方面发挥着越来越重要的作用。

在一个成熟的市场里，小微经济是社会经济的重要组成部分。我国经济主体由国有经济向多元化经济转变的过程中，更多是向小微经济转变。尽管目前小微企业的融资渠道呈现多元化发展趋势，企业也能够根据自身情况进行融资，但小微企业的融资状况依然不容乐观。

我们不难发现，适用于技术水平普通、行业竞争力较差的小微企业的融资方式非常有限，大多数小微企业融资面临困境既有制度的原因，也有企业自身的原因。国家制度的缺陷、金融业对小微企业的歧视以及小微企业自身的不完善都是导致小微企业融资困难的深层因素。

因此，一方面，政府及有关部门要完善相关的法律法规来引导金融机构支持民营企业发展，提升小微企业的经营管理水平，同时，要建立科学的小微企业信用评级机构和小微企业贷款的信用担保机构；另一方面，小微企业要形成良好的诚信意识，努力致力于开发高科技产品，提升品牌形象。在政府、银行、企业的共同努力下，市场有望形成良好的信用环境，小微企业融资难的困境自然会得到扭转。

（发表于《教育学文摘》2020年第25期）

## 参考文献

[1]谢平,邹传伟.中国金融改革思路(2013—2020)[M].北京:中国金融出版社,2013.

[2]许宝健,李慧莲.中国小微企业生存报告(2012)[M].北京:中国发展出版社,2012.

[3]李兵.银行监管边界问题研究[M].北京:中国金融出版社,2006.

[4]林毅夫.解读中国经济[M].北京:北京大学出版社,2012.

[5]萧灼基.2002年金融市场分析与预测[M].北京:经济科学出版社,2002.

[6]吕国胜.中小企业研究[M].上海:上海财经大学出版社,1998.

[7]赵志军.资本流动与中国经济增长[M].北京:中国物价出版社,2002.

[8]俞建国.中国中小企业融资[M].北京:中国计划出版社,2002.

[9]赵尚梅,陈星.中小企业融资问题研究[M].北京:知识产权出版社,2007.

[10]张文彬.小微企业信贷融资问题研究:以浙江省台州市为例[M].北京:经济科学出版社,2012.

[11]朱宝荣.现代心理学原理与应用[M].上海:上海人民出版社,2002.

[12]王昭风.银企关系制度比较研究[M].北京:人民出版社,2001.

[13]孙天琦.产业组织结构研究:寡头主导,大中小企业共生[M].北京:经济科学出版社,2001.

[14]杨思群.中小企业融资[M].北京:民主与建设出版社,2001.

[15]林钧跃.企业与消费者信用管理[M].上海:上海财经大学出

版社,2005.

[16]孙智英.信用问题的经济学分析[M].北京:中国城市出版社,2002.

[17]刘红梅.中国企业融资市场研究[M].北京:中国物价出版社,2002.

[18]荆新.企业融资学[M].北京:中国财政经济出版社,2001.

[19]罗伯特·S.卡普兰,戴维·P.诺顿.综合计分卡:一种革命性的评估和管理系统[M].王丙飞,译,北京:新华出版社,2002.

[20]唐菊裳.中小企业风险防范[M].北京:中国经济出版社,2002.

[21]斯蒂夫·哈蒙.零重力的赢家:中小企业融资指南[M].李琰,吕旭峰,韩川,译,北京:电子工业出版社,2002.

[22]王黎明.中小企业服务体系国际经验比较[M].北京:中国经济出版社,2003.

[23]王忠明.大企业定位国际竞争力[M].北京:中国财政经济出版社,2002.

[24]罗正英.中小企业融资问题研究[M].北京:经济科学出版社,2004.

[25]王竞天.中小企业创新与融资[M].上海:上海财经大学出版社,2001.

[26]杨再平,闫冰竹,严晓燕.破解小微企业融资难最佳实践导论[M].北京:中国金融出版社,2012.

[27]赵坚、金岩.微小企业贷款的研究与实践[M].北京:中国经济出版社,2007.

[28]张捷.结构转换期的中小企业金融研究[M].北京:经济科学出版社,2003.

[29]高正平.中小企业融资新论[M].北京:中国金融出版社,2004.

[30]高正平.中小企业融资实务[M].北京:中国金融出版社,2006.

[31]陈晓红.中小企业融资[M].北京:经济科学出版社,2000.

[32]符戈.中国民营企业融资问题研究[M].北京:经济科学出版社,2003.

[33]刘曼红.中国中小企业融资问题研究[M].北京:中国人民大学出版社,2003.

[34]汪红.企业投融资风险及规避策略[M].北京:中国经济出版社,2005.

[35]宋羽.中小企业融资:现实与思考[M].北京:经济科学出版社,2012.

[36]李新平.中小企业融资制度变迁与创新研究[M].北京:中国水利水电出版社,2009.

[37]罗丹阳.中小企业民间融资[M].北京:中国金融出版社,2009.

[38]沈凯.中小企业信用担保制度研究[M].北京:知识产权出版社,2008.

[39]王铁军.中国中小企业融资28种模式[M].北京:中国金融出版社,2006.

[40]吴瑕.融资有道:中国中小企业融资操作大全[M].北京:中国经济出版社,2009.

[41]中国人民广播电台经济之声.中国经济迫切十问[M].南京:译林出版社,2013.

[42]费淑静.民营中小企业融资体系研究[M].北京:经济管理出版社,2005.

[43]孔曙东.国外中小企业融资经验及启示[M].北京:中国金融出版社,2007.

[44]阿西夫·道拉,迪帕尔·巴鲁阿.穷人的诚信:第二代格莱珉银行的故事[M].朱民,译,北京:中信出版社,2007.

[45]夏若江,涂人猛.当代资本再构:企业营运的最高境界[M].武汉:华中理工大学出版社,2000.

[46]张胜利.中小企业信用担保[M]上海:上海财经大学出版社,2001.

[47]王盟,吴家鸿,陈文龙.中小企业平均"寿命"有多长?4年![N].都市快报,2007-05-18(11)

[48]孙倩倩,张立鑫.小微企业融资需要新思维[J].合作经济与科技,2013(11):59-60.

[49]陆心懿.当前小微企业融资体系存在的问题及完善措施[J].浙江金融,2013(2):77-79.

[50]尹惠斌.完善我国中小企业信用担保体系的对策分析[J].湖南财政高等专科学校学报,2010(3):52-54.

[51]陈宏彦,王静.完善我国中小企业信用担保体系的思考[J].中国农村信用合作,2005(4):32-33.

[52]董红霞.中小企业融资信用担保体系建设研究[J].经济研究导刊,2012(34):81-82.

[53]吕逸楠.解决小微企业融资难的对策研究[J].企业导报,2013(9):37-38.

[54]李娜.新经济环境下小微企业融资策略研究[J].商业会计,2013(3):79-81.

[55]程蕾.民营经济的融资困境及其策略选择[J].当代财经,2001(3):14-15.

[56]燕青.已经启程,仍需奋力前行:改善小微企业融资之我见[J].金融管理与研究,2013(4):27-30.

[57]覃昌令.重庆小微企业发展融资难问题探析[J].经济研究导

刊,2013(13):157-158.

[58]安海涛,张庆东.建立风险防控机制,规范小微企业经营[N].人民法院报,2013-11-14(5).

[59]贾海涛.政府在中小企业信用担保体系建设中的作为研究[J].区域金融研究,2011(7):77-83.

[60]安春梅.西方发达国家中小企业融资模式及其启示[J].载《西北大学学报》(哲学社会科学版),2009(3):73-75.

[61]刘丽华.对我国中小企业走出融资困境的几点建议[J].商场现代化,2006(24):139-140.

[62]贝洪俊.中小企业银行融资的国际比较[J].生产力研究,2003(1):227-229.

[63]王宣喻,储小平.资本市场的层级结构与信息不对称下的私营企业融资决策[J].上海经济研究,2002(4)34-42.

[64]钱凯.改善我国中小企业融资现状的政策建议[J].经济研究参考,2003(39):41-45.

[65]陆岷峰.提升商业银行小企业信贷能力的路径选择[J].金融纵横,2009(5):33-33.

[66]苏南宏.破解中小企业金融业务障碍的策略研究:基于中国工商银行信贷机制改革视角[J].当代财经,2009(4):67-71.

[67]唐路元.中小企业融资问题探讨[J].重庆工商大学学报,(社科版),2003(3):21-24.

[68]杜茂华,田应华.中小民营企业融资难问题透析[J].经济师,2008(8):246-247.

[69]张章,顾晓蕾.突破中小企业融资困局[J].当代经济,2006(7)20-21.

[70]路晓静.中小企业融资探讨:基于OTSW分析法[J].中国商

贸,2011(23):115-116.

[71]王华清,王嘉韵.制约小企业融资的瓶颈及对策[J].内江师范学院学报,2009(6):48-51.

[72]李雪梅.金融业如何进一步完善小企业融资服务[J].现代商业,2008(6):88-89.

[73]王文烈.中型银行小企业融资业务的发展模式研究[J].浙江金融,2010(6):22-23.

[74]杨丰同.银行对小微企业融资的主体作用[J].高科技与产业化,2011(12):104-106.

[75]郑良芳.解决我国小微企业融资问题浅析[J].西部金融,2013(3):49-51

[76]朱莉.小微企业融资问题研究[J].吉林工程技术师范学院学报,2012(9):18-22.

[77]李小珊.缓解小微企业融资困境的对策分析[J].经济研究导刊,2013(2):118-119.

[78]袁峰.股份制银行已成贷款大户[N].信息时报,2010-09-16(B7).

[79]熊晋.我国小微企业融资难问题的分析与建议[J].学习月刊,2012(2):82-83.

# 论民营中小微企业融资难问题

结合国家发改委相关的统计数据，特别是在新冠肺炎疫情以及国际经济形势恶化的影响下，我国的民营中小微企业都面临着资金链断裂的难题。当前，中小微企业的资金不足、融资困难是制约其自身发展的重要因素，而这又是中小微企业在发展中不得不面对的问题。这里主要探讨民营中小微企业融资难相关问题，希望对于今后中小微企业的发展有所帮助。

## 1 民营中小微企业融资难现状

第一，资金有限。纵观我国民营企业的发展历程，其资金主要是通过自身积累以及内源融资实现的。当前金融机构借贷机制不完善、资本市场发育不完全、民间借贷风险大且成本高，这些都会造成民营企业的外源融资较为困难。

第二，过于单一的融资渠道。中小微企业没有自身发行债券、股票的机会，大都是通过外部贷款融资，但交易成本高、监控管理困难等原因造成银行对中小微企业贷款存在着诸多限制，而民间借贷风险性比较高，这些都会造成民营中小微企业融资渠道单一。

## 2 民营中小微企业融资难原因分析

### 2.1 内因分析

第一，民营中小微企业规模小，抗金融风险力比较差。在经营

环境恶化的环境下，民营中小微企业难以预测金融海啸，较为容易出现财务危机，生命周期往往比较短，难以吸引足够的投资；资本比较薄弱，负债能力较低。

第二，账目较为混乱，管理效率不高。大部分民营中小微企业都是沿用家族式的管理模式，财务管理制度存在着诸多不完善之处，法制观念较为淡薄，缺乏必要的信息披露，相关的经营业绩数据、财务报表并没有相关部门确认，造成财务数据的真实性有待考察，自然难以获得贷款。

第三，民营企业的信用等级偏低。在竞争激烈的市场中，企业的信用等级尤为重要，大多数民营中小微企业的信誉度比较差，现有资金不足，存在着资不抵债后的逃跑行为，造成银企之间矛盾重重。

第四，抵押、担保存在一定难度。中小微企业的信用贷款几乎没有，所涉及的抵押贷款手续较为复杂，涉及诸多职能部门，存在较大的制约性。中小微企业又难以找到合适的担保人，往往一家企业存在问题就会造成一系列的连锁反应。

### 2.2 外因分析

第一，国际环境、国内政策调整直接影响到中小微企业的融资问题。新冠肺炎疫情以及国际经济环境恶化等都会造成民营中小微企业的资金链容易出现断裂。

第二，民营中小微企业难以获得商业银行的贷款支持。大部分商业银行都是将关注点放在大客户身上，难以关注到中小微企业。商业银行的风向控制越来越严格，商业贷款门槛越来越高。

第三，担保体系存在着不健全的情况。中小微企业的信用担保机构比较多，但往往难以发挥实际的效用。一方面，担保机构并没

有必要的补偿机制，这样容易出现担保机构难以还贷的情况，造成担保积极性大幅度下降；另一方面，相应的中小企业融资制度建设存在一定滞后性，各方面的衔接配合还不够紧密，难以保障具体操作落到实处，无法正常化发挥担保功能。

### 3 解决民营中小微企业融资难的对策

第一，构建满足中小微企业的信誉评价标准的相应管理制度，符合实际的贷款需求。对于国有商业银行的信用等级标准进行优化，适当向中小微企业进行倾斜，积极为有发展前途、业绩好、规模小的中小微企业构建贷款条件，中小微企业快速成长，这样也有助于实现银行业务的增长，实现银企"双赢"。结合贷款管理的实际情况来看，则应完善授权制度，积极为中小微企业获得贷款提供便利条件。

第二，民营中小微企业应重视自身综合业务能力的提升，积极构建较为完善的财务管理制度，摒弃传统的家族化管理理念，采用先进的现代化企业的管理方式，促使企业的信用形象得到全方位提升，构建具有良好信用的企业形象。结合企业实际来确定贷款水平，并落实相应的应收账款管理制度，有效保障内部的资金管理利用水平得到提升，具有更强的市场竞争力。

第三，逐步推行中小微企业信用担保体系。尽管在新时代的背景下，中小微企业信用担保机构得到了长足的发展空间，能够对推动中小企业获得贷款有着很大的作用，但其还存在着不完善的体系结构。应重视如何有效构建信用担保的风险补偿机制，不断提升担保机构的抗击风险的能力。另外，还应加强财税政策扶持力度，从实际出发，设置必要的发展基金，从而有效推动当地信用担保机构的壮大。

第四，加强对中小微企业的帮助以及扶持工作。从政府的诸多经济行为可以看出，在特殊经济情况下，通过下调人民币贷款基准利率等措施，可以拯救遭受经济危机的中小微企业。各级政府还可通过开发供应链融资和拓宽抵质押品种、调整抵质押率等多样化的经济手段，来满足中小微企业的实际融资需求，从而保障有效降低中小微企业的税收负担，积极帮助推动中小微企业的健康稳定发展，为其构筑良好的发展环境。

## 4 结 语

综上所述，结合当前我国中小微企业融资贵的情况，从多方面的角度来分析，其并非某一单一化的问题，而是由于企业在发展中受到外因、内因等方面的共同作用，从而造成的新时代背景下的中小微企业融资难。所以，在这样的背景下，我们一定要从实际出发，勇于创新，积极努力，相互协调，积极构建民营中小微企业的良好融资环境。

（发表于《教育学文摘》2020年第25期）

**参考文献**

［1］人民银行研究局课题组.小微企业融资的国际比较与中国经验［J］.新华月报,2020(15):43-45.

［2］陈杏头.小微企业融资问题的市场化解决措施［J］.现代企业,2020(4):94-95.

［3］王连.浅析小微企业融资困境及应对措施［J］.中国市场,2020(3):55-56.

# 论小微企业融资模式与融资对策

## 1 引 言

当前，小微企业则是我国经济发展中不可或缺的重要组成部分，对于维系我国经济社会稳定发展具有重要意义。纵观小微企业的生产发展，肯定会遇到诸多的问题以及障碍，但最为突出的则是资金缺乏的问题，融资难、融资贵则是制约小微企业发展的重要障碍。

## 2 小微企业融资模式的类别及选择

### 2.1 小微企业融资模式的类别

#### 2.1.1 传统金融融资模式

一是内源融资模式。该模式包括企业利润、资产折旧、亲朋投资入股等方式，能实现在企业内部的资金融通，是小微企业在成长发展中的主要方式。其主要缺陷则是短期内的作用不明显。

二是外源融资模式。该模式主要是指通过商业银行等正规机构，或者小贷公司等非正规机构，再加上相关的民间资金等方式，在企业外部的多种形式的融通行为，也是小微企业发展中不可或缺的融资模式。其主要缺点就是融资成本比较高、风险性比较大等。

#### 2.1.2 互联网金融融资模式

一是 P2P（点对点）网络借贷模式：通过第三方支付平台的作

用，能有效将聚集的民间资本向有需求的小微企业提供借贷服务的模式。小微企业在通过第三方平台的诸多资质审核的基础上，能够进行相关的资金匹配以及风险防控等活动。这种方式能有效降低融资成本，便于实现小微企业的资金流转，符合小微企业的经营发展特点。

二是大数据金融模式：第三方支付平台借助于大数据以及云计算等信息技术的优势，从数据模型的角度出发来进行融资的模式。小微企业结合自身的实际需求，提出相应的贷款申请，在进行诸多方面的评估后，方可借贷，放款后还需要对其经营指标、现金流情况进行实时监控，从而保障投资方的权益，典型代表是阿里金融等。这种模式能有效解决担保缺失、信息不对称等情况，有效控制融资成本，是部分小微企业解决资金短缺问题的有效选择。

三是股权众筹融资模式：小微企业依托互联网平台而开展的小额股权融资模式。这种方式体现出大众、小额、公开的特点。对于小微企业来说，在提交项目融资申请的基础上，符合资格审查方可以参与到项目融资申请过程中，参与到相应的众筹项目。融资项目都设有必要的筹资期限以及筹资额度，如果按照规定期限完成，则意味着筹资成功；反之，则意味着失败，典型代表为京东东家等。这种方式能有效进行融资程序的简化、融资渠道的扩展，实现融资效率的有效提升，在我国还属于发展的初步阶段。

## 2.2 小微企业融资模式选择

考虑到当前我国的小微企业类型众多，实际的差别往往比较大，在资金需求阶段的融合模式中往往存在着较大的差异性。这就要求需求者应权衡每种融资模式的利弊，并从自身的情况出发，来优选合适的融资方式。

不同类型的企业适合不同的融资方法。比如，电商类小微企业可以选择和自身有合作的电商平台，充分发挥信息化大数据技术优势来进行融资；符合金融机构贷款的小微企业则更多求助于传统金融机构；创新型小微企业则往往青睐于众筹模式。所以，融资环节应考虑资金需求以及融资方式特点，综合比较分析相应的融资费率、融资效率、融资金额以及融资条件等情况，从而提出最为有效的融资模式。

## 3 小微企业融资对策

### 3.1 优化融资环境，逐步完善小微企业融资的法律法规

从国家层面来看，应重视小微企业融资法律法规的完善，积极为其发展创造良好的条件。通过从实际出发的废、改、立等措施来规范管理制度，以保障小微企业的融资渠道进一步完善，有效保障民间借贷的规范化应用。同时，保障提升扶持力度，特别是在小微企业发展的资金补偿方面给予必要的优惠，奖励积极向小微企业贷款的金融机构。最后，还应逐步实现风险补偿机制的完善，重视金融机构的风险管控工作。

### 3.2 构建共享征信体系，完善风险防控体系

借助信息技术的优势，通过大数据、云计算先进技术，积极构建小微企业的综合信息平台，有效满足相关机构的沟通、信息共享需求，建立共享征信体系，全方位保障信息资源的利用率得到提升。在此过程中，应重视如何有效保障实现征信标准化建设的推进，有效实现行业之间的信息资源得到有效统一化管理，实现信息资源的最大利用化的要求。

从实际出发，重视防控体系的逐步完善。各部门应重视监管工作，有效管控互联网金融风险，在严控金融交易、互联网平台注册、

信息发布的基础上，重点从多方面来落实小微企业信用记录的具体情况。针对违规企业、平台，则应严格相应的处理措施，不断提升融资风险管控水平。

### 3.3 注重小微企业的内涵建设，搭建小微企业信息平台

小微企业一定要从自身实际情况出发，重视自身综合能力的提升。第一，小微企业应加强科学管理理念创新，积极构建现代企业制度框架，摒弃传统模式下的财务管理制度，从而保障内控制度以及财务政策更加合理。并通过完善内部审计工作，提升财务数据的真实性，避免造成企业信用的负面消息。第二，诚信经营，构建良好的企业信誉度。小微企业一定要从自身出发，严格恪守经济市场规律，保障信息透明化，进一步加强借贷合同的履行，构建良好的借贷关系。第三，重视融资理念创新发展，加强金融人才团队培养。决策者应从实际出发，重视融资理念的创新发展，并从实际出发来对资金需求进行合理化安排，选择符合企业发展的融资平台，并加强金融人才团队的建设，加强相应的专业化培训，从而构建良好的企业环境。

### 4 结 语

综上所述，为了进一步促进小微企业的发展，应充分重视其存在的资金短缺问题。为了有效解决融资难、融资贵的问题，我们不仅要重视从政府角度出发来实现融资环境的优化，还应构建共享征信体系，从而保障融资担保体系更加完善。另外，小微企业应不断加强内训，实现自身体系的完善，不断提升企业的融资能力。只有从上述两个方向共同努力，方可实现小微企业的健康稳定发展。

（发表于《教育学文摘》2020年第25期）

**参考文献**

[1]人民银行研究局课题组.小微企业融资的国际比较与中国经验[J].新华月报,2020(15):43-45.

[2]陈杏头.小微企业融资问题的市场化解决措施[J].现代企业,2020(4):94-95.

[3]王连.浅析小微企业融资困境及应对措施[J].中国市场,2020(3):55-56.

# 金融支持民营企业降低融资成本的效果分析

国家目前已颁布了《促进金融业发展优惠政策》旨在为全国各民营企业提供贷款优惠，降低民营企业融资成本，促进中国经济产业的良好发展。在"互联网+"时代，互联网金融应运而生，为民营企业融资提供了更多途径，有效降低了民营企业融资成本。

## 1 民营企业融资困境

### 1.1 融资渠道相对单一

和资金实力雄厚的大企业相比，中小型民营企业融资渠道较为单一，基本上只依靠银行贷款和内源融资，很少运用其他融资方式，这是因为中小型民营企业综合实力相对较弱，通常尚未达到相关融资标准，无法通过其他途径获取贷款，难以及时融资，融资成本也很高，很容易陷入融资风险。

### 1.2 融资结构不合理

不少中小型民营企业主要是依靠银行贷款和企业内源进行融资，其获取贷款的主要银行是商业银行，对银行的依赖性很高，这样的融资结构并不合理，很容易加剧商业银行的经营风险。一旦商业银行金融系统出现危机，也必然会导致中小型民营企业破产。

### 1.3 缺乏长期稳定性资金链

为推动国内中小型民营企业的持续发展，必须为民营企业提供

长期的稳定性资金来源。然而，大多数民营企业是依靠银行贷款和内源来融资，几乎没有运用股票和债券来获取长期稳定性资金，这样必然无法形成长期的稳定性资金链。

## 2 金融支持民营企业降低融资成本的效果

### 2.1 运用互联网金融优化民营企业融资渠道

互联网具有数字化、虚拟化特征，因此，在"互联网+"背景下，经济产业也呈现出数字化和虚拟化特征，这在金融产业发展中尤为明显。当代互联网+金融产业应运而生。目前，"互联网+"金融产业的数字化和虚拟化特征主要体现在三个方面：第一，互联网+金融经常表现为数字化货币，属于虚拟资产，而不是实体现金。第二，互联网+金融不属于实体经济形态，因而，时间和空间领域不会限制互联网金融产业的发展运行。互联网+金融模式不仅促进了中国金融市场的发展，而且让中国金融产业与全球金融企业相连接。第三，互联网+金融以信息系统为基础，构建了互联网+金融平台，使金融产业成为互联网系统运行活动的虚拟反应。互联网+金融交易往往是数字化货币和虚拟资产，互联网金融市场与交易活动均呈现出数字化和虚拟化。

具体来说，首先，P2B（互联网融资服务平台）有效降低了企业融资成本。P2B属于一种互联网金融工具，民营企业能借助互联网平台迅速实现融资交易，降低成本，提高融资效率。在21世纪的网络时代，互联网金融兼具良好的互动性与连通性，能构建完善的互联网金融管理平台，从而使中国企业各项产业经济能彼此相连，顺应经济全球化发展潮流，同时，中国经济的发展也呈现出开放性、包容性、交织性和一体性。简而言之，互联网+背景下的中国企业各项产业经济发展能够与当代全球经济信息兼容、交织，确立中国

经济主体的平等地位。其次，互联网金融平台自身具有开放性，因此，"互联网＋"背景下的经济发展也具有开放性。互联网＋技术能够辅助各企业获取准确的经济数据，提高经济信息的透明度，转变了传统金字塔式的经济产业结构，满足融资需求。另外，互联网＋背景下的经济发展模式突破了时间与空间的限制，为经济的发展带来了诸多便利，民营企业可以不受时间与空间限制进行网上融资。

## 2.2 构建民营企业基于五大发展理念的指标体系

为解决民营企业融资困难，做好中国民营企业经济高质量发展工作，必须遵守五大发展理念（创新理念、协调理念、开放理念、绿色理念、共享理念），制定全面性测度指标体系与相关标准。对于中国民营企业各项产业经济发展来说，五大发展理念符合经济发展特征，能促进不同阶段经济发展的有效衔接，为中国民营企业经济发展质量提供指导方向和评价指标。

王军先生和李萍老师表示，创新理念对经济发展质量提升的贡献值最高；开放理念是推进经济发展的重要动力；绿色发展理念虽然不利于提升短期经济发展质量却有利于产业经济的长期发展，具有绿色、环保效果，能降低污染与投资成本，获取长久性收益。

胡志强先生曾经重点研究了中国区域经济的发展情况，指出五大发展理念和经济增长贡献值以及区域经济的发展水平密切相关。如果区域经济发展状况更为良好，五大发展理念对本地经济增长的贡献值也更高，相反，如果区域经济发展水平越低，五大发展理念对本地经济增长的贡献值也偏低，本地很可能长期处于缓慢发展状态。

李俊玲副市长曾经深入研究区域经济发展业绩，研究结果表明用金融产业支持创新与开放对中国经济增长的贡献值最高，协调理念、绿色理念、共享理念对经济产业的贡献值相对较低。

　　徐银良先生和王慧艳女士曾经也对国内区域经济高质量发展进行了深入研究，同时，依据五大发展理念构建了经济高质量发展指标体系，将省份数据作为主要内容，解析了五大发展理念的各项指标对中国企业各项产业经济高质量发展的影响，认为创建和优化各项指标有助于提高区域经济发展质量。

　　詹新宇先生和崔培培先生注重分析单项因素，构建了以五大发展理念为基础的指标体系，并予以实证分析，着重研究分析绿色理念和共享理念，研究结果表明这两大理念在经济高质量发展中发挥的作用至关重要，而创新理念、协调理念、开放理念对经济发展质量产生的影响存在地域差异。

　　史丹老师和李鹏先生也赞同詹新宇先生和崔培培先生的研究观点，并将国内经济发展状况和国际发展状况相对比，指明开放理念对促进中国产业经济高质量发展至关重要。

　　此外，和国际经济发展现状相对比，中国第二产业的发展时间明显较长，消耗了不少环境资源，在发展过程中曾经忽略了对绿色生态的保护，未深度融合绿色生态理念，导致绿色理念在促进中国企业产业经济发展中的效果不明显。由此可见，要促进中国各项产业经济高质量发展，则必须同时融合五大发展理念，全面优化集约型经济结构。21世纪的中国已进入经济转型与结构优化调整的重要时刻，民营企业作为国民经济发展的重要组合，应采取多项科学措施来调整产业结构，使产业发展方案与国家信贷支持战略相符。除此之外，金融机构应重视建立和民营企业当地绿色金融发展相适应的服务机构与管理体系以及第三方评级评估机构，加大国家绿色信贷对民营企业投放的力度，通过发放绿色债券来缓解民营企业融资压力，进一步引导民营企业增强区域经济绿色发展贡献力，同时，

应着重发挥绿色债券融资额度大与期限长的优点，不断增强绿色金融的供给能力，提高融资效率。

**2.3 运用全要素生产率做好民营企业经济高质量发展的衡量工作**

在研究经济发展全要素生产率的过程中，中国学者主要是从以下四个方面进行研究。

第一，从经济发展水平研究经济发展质量。不少学者认为在经济发展促进过程中，各项资本要素发挥着重要作用。郭庆旺先生和贾俊雪老师曾经就指出资本要素能够在推动中国经济发展过程中起到至关重要的作用，主要是因为整体视角下的国民经济发展水平还偏低。国民经济发展状况呈现出单要素投入对国民经济整体发展贡献高于全要素投入的现状；轻工业对经济发展的贡献高于重工业，这是因为重工业科技相对落后。对此，应解决经济发展结构畸形问题，提升科技水平，改善经济发展要素配置，以此提高全要素生产率。李京文先生曾经也深入研究了生产率对经济发展的促进作用，对比衡量了资本投入、劳动投入和生产率三个指标的经济发展贡献值，提出资本投入对经济发展的贡献值最高，劳动投入次之，生产率对经济发展的贡献值在三个指标中最低。李京文先生还发现和欧美发达国家相比，国内的全要素生产率还相对偏低，不及欧美发达国家成熟，因此，他提出要注重提升全要素生产率，促进其成熟。然而，也有部分学者指出中国产业经济发展处于持续性增长时期，他们对各要素产生的经济促进作用进行了测算，发现促进中国产业经济持续增长的四大要素分别是资本要素、市场潜能要素、全要素生产力、劳动力，提出资本投入对经济发展的贡献值最高，市场潜能要素的贡献排第二，全要素生产率排第三，最后是劳动力。程广斌先生和王朝阳老师曾经通过构建面板模型和使用DEA分析方法对

全要素生产率产生的区域经济发展质量影响进行了全面研究，研究结果表明全要素生产率对经济高质量发展的影响与促进和该区域的发展水平密切相关，针对各区域的经济高质量发展采取差异化策略，有助于提升全要素生产率的贡献值。

第二，从技术发展因素来研究经济发展质量。不少学者研究指出了技术发展因素对中国产业经济发展具有明显的促进作用。郑京海老师和胡鞍钢老师以省际的经济发展作为研究切入点，着重研究技术的进步对区域经济发展的促进作用，同时，也强调了技术发展能促进全要素生产率的有效提升与流动，使产业全要素生产率得以大幅度增长，推进中国经济向更高阶段持续发展。无论是短期经济发展还是长期经济发展，为了实现经济发展目标，均须将技术及其相关要素资源一并投入到经济发展活动，坚持与时俱进理念，促进经济长远发展。郑世林先生和张美晨老师指出科技的进步与资本投入是促进中国产业经济发展的两大主要因素，在不同区域、不同时期，全要素生产率对经济发展产生的促进作用大小也不尽相同，三者相互促进。首先，在互联网+背景下，实现各项产业经济的蓬勃发展，理应正视产业经济发展所面临的挑战，紧抓发展机遇，充分利用互联网+时代的环境优势和技术优势，利用先进的知识与科学技术改善产业经济发展模式，突破各行业的发展壁垒，扩展产业经济开放范围。在新兴产业发展中，理应适当降低这些产业的市场准入标准，同时，应注重促进新兴产业和其他产业的融合，实现不同产业的有机协作与共同繁荣。在互联网+背景和市场经济大环境下，各项产业均无法再充当一种独立存在的经济主体，必须实现各行业的有机融合与相互协作，从而为各行业的发展注入鲜活的生命力，达到用一种或者数种产业带动其他产业发展的目的，例如运用互联

网+金融产业促进银行信贷、淘宝、京东、拼多多以及各种产业销售行业发展的目的；利用房地产开发产业促进酒店服务管理、餐饮业、文化休闲业的发展等，以此加强各行业的合作与供应，促进产业融资互补。其次，应协同民营企业各项产业制定有效的风险防控对策，做好市场预测工作。在信息时代，还需要全面做好互联网+经济产业信息安全管理工作，依法打击信息犯罪。当代民营企业大多会依托互联网平台构建产业经济管理平台，运用互联网金融获取融资，建立大数据管理系统，这虽然有效提高了经济信息管理工作效率和融资效率，降低了融资成本，却也会滋生信息安全管理问题，不法分子会恶意盗窃和篡改信息，窃取融资资金。对此，企业组织应成立内部信息安全管理部门，由专业负责人保护产业经济信息，配合政府加强对信息犯罪的打击力度。与此同时，企业管理人员应重视提高自身的信息安全管理意识，将产业经济信息安全管理工作纳入整个企业发展管理工作中，建立安全数据库，做好产业经济信息安全保护工作，构建完善的信息安全管理系统。另外，民营企业应充分运用互联网平台来优化本企业融资渠道，确保融资安全，对融资现状进行客观分析，针对现存问题制定信息评估和风险预警模型，规范融资管理，努力降低融资风险，减少融资负债率。

第三，通过横向发展和纵向发展的状况对比来研究经济发展质量。部分学者通过对比研究经济横向发展和纵向发展状况来了解全要素生产率对促进经济高质量发展所产生的价值，对全要素生产率的贡献持肯定态度。一般来讲，在横向经济发展状况研究分析工作中，部分学者对比分析了全要素生产率的变动状况和同一阶段的经济发展状况，以此评估全要素生产率所产生的时代价值。蔡昉老师将中国经济的横向发展状况与国际产业经济的横向发展状况进行了

对比分析与研究，结合研究结果对全要素生产率产生的经济促进作用予以高度肯定，同时，也对其他学者在全要素生产率研究领域的文献、论点予以肯定，指出他们的研究理论在促进中国产业经济步入高质量发展的进程中发挥了不可替代的价值，实现中国产业经济高质量发展目标需要科学调整科学技术、资本投入与劳动比率，保持经济发展速度与质量的和谐关系。除此之外，在经济纵向发展状况的研究分析工作中，部分学者指出中国经济从改革开放到 2019 年，全要素生产率从在零值上下波动到逐渐步入稳定的状态。沈坤荣先生明确指出在改革开放之前，促进中国产业经济发展的核心要素是资本，欧美发达国家的综合要素生产率对促进经济增值发展的贡献度远高于中国。为提高中国综合要素生产率，促进产业经济的发展，发挥民营企业的经济推动作用，理应针对民营企业融资问题制定普惠金融业务发展规划方案，建立完善的普惠金融政策，发挥该政策正常的导向激励功能，结合国家推动的民营企业重点项目，不断提高金融服务民营企业的效率。同时，应重视加快建设现代支付体系与服务网络结构，以此提高金融行业对民营企业融资支持的服务质量。

第四，从投资和生产发展的角度来研究经济发展质量。在产业经济投资与生产发展方面，学术界的研究侧重点不尽相同。部分学者主要是研究制造业的经济发展状况，在研究结果中指出了保持产业经济发展优势，必须着重提升全要素生产率。吴良海先生在研究工作中侧重于衡量经济投资的发展质量，对效率和风险这两种因素对经济投资效益所产生的影响展开了重点分析。孙焱林先生和温湖炜老师是从投资质量的角度来研究分析当代中国企业的投资发展状况，对比分析相关比率，判断资本存量和提高经济投资质量的关系。

尹忠明先生和李东坤老师在对外投资发展方面的研究理论中指出运用投资活动可以促进国内生产要素的发展，进一步实现提升经济发展质量的目标。因而，民营企业应重视创新组织管理体系，引入先进的技术，积极促进本企业升级，优化组织产业链，合理分配利用有限的资金，科学开发投资项目，通过打造优质品牌来加强本企业市场竞争力，获取更宽泛的融资资格。

## 3 结束语

综上所述，解决民营企业融资困境，理应重视优化企业融资渠道，努力实现企业融资方式多样化；着重加大国家绿色信贷对民营企业投放的力度，通过发放绿色债券来缓解民营企业融资压力。另外，民营企业应重视创新组织管理体系，科学开发投资项目，通过树立良好的品牌形象来获取融资资格。

（发表于《中国科技人才》2021年第19期）

**参考文献**

［1］高聚辉.《城市开发》公告:房地产融资渠道现状与未来发展趋势［J］.城市开发,2006(3):13-15.

［2］吴丽瑾.民营房地产企业融资结构优化的思考［J］.广东科技,2006(3):145-146.

［3］胡志凌.房地产企业融资现状与发展趋势［J］.西部财会,2008(4):47-50.

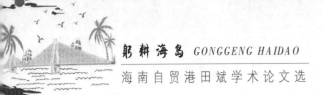
# 中国现代化金融体系有效性的思考

金融体系是关于资金的流动、集中和分配的体系，它的主要功能在于推动和促进国家各方面经济的流通与发展。随着现代化经济的发展，现代化金融体系也随之不断发展与完善，而现代化金融体系最关键的因素就是金融体系的有效性，有效性是能够衡量中国金融体系整体发展趋势与状况的重要指标。本文主要对中国现代化金融体系进行全面的阐述，并着重对如何提升中国现代化金融体系有效性发展进行相关的分析研究，提出相应的建议。

## 1 现代化金融体系概述

### 1.1 现代化金融体系内涵

现代化经济体系的构建是我国经济发展的重要战略目标与手段，党的十九大报告中明确提出"贯彻新发展理念，建设现代化经济体系"这一重大决策。现代化金融体系是关于资金流动、分配、集中等环节的体系框架，包括资金支付清算、信息传递、风险控制、资金资源流动配置以及财富管理等内容，并且由国家的经济体制、制度规范同步制约，因而结构构建的合理性、安全高效性以及有效性是现代金融体系发展的必备要求。现代化金融体系的资产流动分配能力、资源配置能力、财富管理能力等各方面都需要通过提升现代化金融体系的有效性来充分体现。

从整体层面来看，现代化金融体系主要由货币的流通、信用机构、金融工具产品、金融制度规则以及整体的金融市场五大因素构成，因此，金融体系在现代经济体系中是一个极为复杂庞大的经济系统。现代化金融体系着重服务于社会各方面经济活动，并不断形成了相对独立的体系。现代化金融体系一般包括银行性金融机构与非银行性金融机构，而银行性金融机构占据主要地位，起着一定的支配作用。现代化金融体系在资产、风险等方面对监管体系框架等都进行了相应的改革与创新。进一步实现现代化金融体系的有效性是当前现代化金融体系发展的重要内容。

### 1.2 传统金融体系与现代化金融体系的区别

传统金融与现代化金融体系有着本质上的不同，主要表现在以下几方面：首先，两者与实体经济的关联程度有所不同。传统金融体系与实体经济的联系往往较为密切，在传统金融体系中能够明显体现出实体经济的运行情况，而现代金融体系则正好与之相反，与实体经济的关联程度往往较为薄弱，实体经济的整体运行情况并不能明显体现出来。其次，两者在促进实体经济发展过程中起到的作用与价值不同。现代化金融体系除了包含着传统金融体系，是实体经济的运行血液之外，同时还给实体经济的发展带来极大的运行动力，是现代经济发展运行的核心因素。最后，现代化金融体系作用原理与传统金融体系有着明显不同。现代化金融体系整体运行发展速度更快、效率更高，但同时，所需要承担的风险也比较大。

### 1.3 现代化金融体系在现代化经济中的地位和作用

金融是经济的核心，而现代化金融体系也是现代化经济体系发展的核心环节。现代化金融体系是联系国家各方面经济发展的核心环节，能够全面系统地体现国家单位、企业的所有经济活动，因而

国家可以利用各种金融调控手段，依据宏观经济发展政策，相应地调节国家经济发展的方向、速度、规模结构等，从而在根本上推动国家经济的良性循环发展。

现代化金融体系建立在现代化金融经济市场的基础上，能够在一定程度上减少社会经济交易成本、优化资源配置、提升资源使用率，促进金融有效服务于科技创新，从而在根本上推动现代化经济的综合发展。

## 2 构建中国现代化金融体系，实现金融体系的有效性

开展现代化金融体系的创新改革与发展，提升现代化金融体系的有效性成为当前社会推动经济发展的重要内容，对于推动国家各方面经济发展起着至关重要的作用。因此，笔者通过以下几方面的具体阐述，对现代化金融体系的构建以及金融体系有效性的提升进行探讨。

### 2.1 坚持党和国家对现代化金融体系的整体领导

当前，中国经济从快速发展阶段逐渐转向高质量发展阶段，金融作为现代经济发展的关键环节，更是国家经济发展的命脉。为了使金融经济能够安全、高效稳定地持续发展，充分实现金融资金的筹集、流动与分配使用，合理优化配置社会资源，进一步促进社会国民经济的稳定发展，所有的创新改革发展策略都需要结合中国当前的实际经济状况来规划。一直以来，党和国家对于金融市场经济的发展高度重视，始终领导并把握金融经济行业的前进与发展，不断探索金融事业的改革与创新之路，使其能够服务于国家的社会主义现代化经济建设。

事实证明，党和国家对金融经济的重视与把控不断推动了我国社会经济的全面发展，并建立了与现代社会市场经济相适应、相融

合的现代化金融体系架构，使其可以进一步支持现代社会市场经济的发展，实现国家的繁荣经济，不断加强我国各方面的综合实力。当前，世界经济都处于复杂多变的时期，我国金融事业也面临着不可避免的挑战，必须走创新发展的道路，坚持以党和国家为领导核心，接受其对现代化金融体系的建设与创新发展的统一领导，从而能够明确现代化金融发展的重要方向，进一步提升现代化金融体系的有效性。

### 2.2 全方位建设现代化金融体系

全面提升我国现代化金融建设的有效性是目前金融创新发展的必要条件，有效、完善的金融体系能够以更高的效率促进我国社会经济的稳步发展，有效规避、减少潜在的金融市场风险，进一步稳固现代化金融体系。

（1）现代化金融市场体系。全面构建现代化金融市场体系，从整体上对现代化金融体系的发展进行整体把控。现代化金融市场体系一般由市场、参与者以及相应的市场制度、规则几部分组成。金融市场为不同类型的金融资产的交易提供了良好的金融环境。

（2）现代化金融调控体系。现代化金融调控体系是我国现代化宏观经济调控体系的关键环节，对于调控社会经济、分散金融潜在风险、促进社会稳定发展起着至关重要的作用。全面建设、完善现代化金融调控体系，有利于加强其宏观经济调控效果。

（3）现代化金融环境体系。现代化金融的运行与发展需要一个安全、稳定、有利的金融环境。所谓金融环境不只是指金融资产市场交易外部环境，同时还包括完善的金融体系以及金融业工作人员良好的综合素质等。

（4）现代化金融监管体系。现代化金融监管体系对于现代化金

融体系的整体运行来说，有着特别的重要价值，不仅能够进一步推动现代化金融体系的稳定运行，同时还可以从整体上对金融运转情况做出客观合理的总结判断，对金融环境、潜在风险等进行全面、严格的监督与把控。

### 2.3 将现代化金融体系服务全面引入乡村地区

农村地区的经济发展状况占据我国社会各方面经济发展的重要地位，想要进一步提升现代化金融体系的有效性，全面推动社会经济、金融市场经济的发展，必须将现代化金融体系服务全面引入农村地区，以保证从根本上促进"三农"的全面发展；以振兴乡村地区作为发展现代化金融体系的重要战略手段，使现代化金融体系全面服务于乡村，大力发展适合"三农"的数字普惠金融。一直以来，我国长期受到农村地区经济发展受限的制约，为了能够帮助国家度过这一现代化经济建设的瓶颈时期，应大力发展数字化普惠金融，这是有效提升农村经济发展水平的重要战略方式；应建立适合新形势下农村地区经济发展现状的现代化金融体系，加强对金融服务各方面的改革创新，使得实现乡村振兴成为现代化金融体系发展建设的根本目标；应充分利用现代化金融体系，实现农村地区农产品的生产加工与流通发展的融合，不断推动农村经济水平的提高，充分实现现代化金融体系的有效性。

### 2.4 完善现代化金融体系，充分发展现代化金融

首先，现代化金融体系的制度准则与核心内容必须是清晰、完善的。明确的现代金融体系能够为社会金融市场提供一个相对公平、公正的金融环境，保证金融组织体系能够在金融市场经济当中正常运转。

其次，要进一步实现现代化金融体系的改革发展，不断以调

整、优化整体金融结构为重要内容，促进现代化金融与社会现代化经济发展的有效融合，使得现代化金融体系能够适应多领域的行业结构，全面促进社会多方面经济的共同发展，加强现代化金融组织体系架构的稳固性，提升现代金融市场体系的竞争力与规避金融风险的能力。

再次，发展推广各类现代化金融产品，引导金融资源合理配置。当前，各种形式的创新金融产品已引入社会经济发展过程中，但绝大多数金融创新产品集中在经济发达地区，部分地区没有享受到现代化金融体系的全面服务，从而出现社会经济发展不平衡的现象。因此，就需要将现代化金融创新产品面向所有社会实体经济，充分融进人民群众的日常生活中，不断提供并优化金融创新产品与服务，以充分适应具有差异化性质的金融服务需求；始终以社会市场经济平衡发展为主导倾向，不断引导更多金融产品、资源得以优化合理地配置，以充分实现现代化金融组织体系的有效性。

最后，完善的现代化金融体系设施是现代化金融体系稳定、高效运转的有效保障。应通过建立完善的金融法律法规及相关政策，不断组建金融体系人才队伍，规范金融运行过程等，进一步保证现代化金融体系的有效性，从根本上推动我国社会实体经济的稳步发展。

## 3 结 语

现代化金融体系的构建和发展与现代化各方面经济发展息息相关，两者相互影响、相互促进。金融是经济发展的核心因素，如何能够进一步提升现代化金融体系的有效性成为当前金融经济发展的重要内容，必须不断结合国家实际发展情况，坚持跟随党和国家的统一领导，利用各方面现代化技术、手段，不断优化当前的金融发

展体制，增强金融体系在金融市场经济活动中的主体地位，实现金融经济的创新改革与发展，继而从根本上推动我国经济的快速发展。

（发表于《中国科技信息》2021年第8期）

**参考文献**

[1]彭亚星,田宇.关于中国现代化金融体系有效性的思考[J].现代管理科学,2019(3):57-59.

[2]高明.关于我国现代化金融体系有效性的分析[J].消费导刊,2019(13):163.

[3]彭子晗.关于建立我国中小企业政策性金融体系的思考[J].中国集体经济,2017(35):79-80.

[4]吴晓球.构建现代化经济体系和现代化金融体系[J].金融经济,2017(23):7.

[5]何德旭.现代化经济体系需要现代化金融体系与之匹配[J].银行家,2018(6):27.

# 产业研究篇

◆ 海南会展旅游发展的 SWOT 分析

◆ 新能源汽车产业发展研究探讨

◆ 从德国"绿腰带项目"看中国休闲创意农业发展趋势

◆ 医养结合下我国养老健康产业投资途径分析

◆ 有效供给视角下智慧健康养老产业发展问题思考分析

# 海南会展旅游发展的 SWOT 分析

会展旅游是近年来发展迅速的旅游产品，通过充分发挥中心城市的区位优势和提高举办地的城市知名度，来带动区域经济的发展；同时通过会展业的聚集效应对周边地区的经济发展起到辐射作用。作为中国后花园的旅游大省海南，应对自身发展会展旅游的优势、劣势、机遇和挑战有充分的认识。

## 1 海南会展旅游的发展现状

海南的会展旅游相比北京、上海、广州等地来说，起步较晚，但是发展速度较快。自 1992 年第一届国际椰岛节开始，越来越多的大型会展活动在海南登台亮相。2001 年博鳌亚洲论坛在琼海市博鳌镇的正式举办是海南会展旅游发展的催化剂，大大推动了海南会展业的发展。据统计，2011 年海口全市旅游饭店共接待国内外会议 15634 个，接待参会人数 84.66 万人次，实现旅游收入 2.39 亿元人民币，占全市旅游饭店营业收入的 12.3%，各项经济指标与 2007 年相比成倍增长，会议旅游已成为海口旅游业新的经济增长点。

总的来看，海南会展业发展速度很快，会展设施不断完善、规模不断扩大，主题切合实际，组织策划能力不断增强。三亚天涯国际婚礼节、中国海南欢乐节、世界小姐总决赛、七仙岭温泉嬉水节、中国（海南）国际热带农产品冬季交易会、海南国际旅游商品交易

会等都有较好的基础和影响力。海口之春艺术节、金岛音乐节、海天盛筵、中国体育旅游博览会等活动的推广，把海南会展旅游的发展推进又一个高潮。

## 1.1 海南会展旅游的分布

海南会展业主要集中于海口、三亚、琼海这三个发展较快的城市，初步形成三足鼎立的局面。海口是海南的政治、经济、文化中心，基础设施建设完善、人才资源丰富、经济发展较快，为会展旅游业的发展提供了许多便利的条件。海口市会展办提供的统计数据显示，2011 年，海口共举办各种会展活动 83 个，会展面积超过 50 万平方米，除在会展中心等地举办会展活动外，海口一批酒店的会议接待情况喜人。三亚依托热带旅游资源以及不断增多的良好的会展服务设施等，会展、商务旅游等近两年得到显著扩容。三亚国际热带兰花博览会、海天盛筵等会展接连举办，金砖国家会议等众多论坛、年会不断。琼海的博鳌亚洲论坛具有 11 年的辉煌历史，是海南会展的顶尖品牌。

## 1.2 海南会展旅游的特点

### 1.2.1 组团规模大

会展本身具有组团规模大的特点，这势必会吸引众多政府、民间组织的会展团、参观团和旅行社组织的观光团队。会展旅游规模庞大主要表现在旅游接待的数量上，全国规模的会议与会代表就可达 200 人，这些与会者具有会议代表、旅游者双重身份，往往对于会议举办地的自然景观、民俗风情等具有浓厚的兴趣。如 2012 年第十五届海峡两岸旅行社联谊会，参会人员达 1100 多人；2012 年海天盛筵在三亚举办，吸引了 8000 多名国内外嘉宾参与，230 个国际知名品牌参展。

### 1.2.2 消费能力强

代表单位参加会议和展览的人员，多数是消费能力较强的商务客人，其消费档次高、规模大。由于其消费主要以公务消费为主，基础性消费由单位支付，因此他们有更多的资金可用于工作之外的旅游娱乐等消费。出于馈赠亲友或社交需要，会展旅游者还大多具有较强的购物消费需求，为会展举办地游、购、娱等方面的收入提供了来源。

### 1.2.3 停留时间较长

会展的议程一般都在 2 天以上，尤其是全国性的会议展览。虽然会议的议程只有几天时间，但是举办完会议后伴随着的就是环岛游等旅游活动，这样的行程安排使得会展者在举办地的停留一般达到 5 天以上，相对比一般旅游来说，停留的时间较长。

## 2 海南会展旅游发展的 SWOT 分析

SWOT 分析方法是一种企业战略分析方法，即根据企业自身的既定内在条件进行分析，找出企业的优势、劣势及核心竞争力之所在。其中，S 代表 Strength（优势），W 代表 Weakness（弱势），O 代表 Opportunity（机会），T 代表 Threat（威胁），S、W 是内部因素，O、T 是外部因素。

## 2.1 优势分析（Strengths Analysis）

### 2.1.1 良好的生态资源优势

海南最大的优势是具备良好的生态资源。作为一个没有被人类大规模开发过的岛屿，海南至今仍完好保存着热带海岛海滨景观、完整多样的天然植被和丰富生动的地形地貌，并拥有完整的热带雨林、季雨林和奇特的海洋生态景观。海南是中国最南端的省份，也是中国唯一一个处于热带的省份。优越的地理区位使这个岛屿省份

不仅长夏无冬、气候宜人，而且水、空气等环境质量长年处于全国一流水平，加上近60%的森林覆盖率、漫长的海岸线、广布的优质沙滩，使海南岛被誉为"回归大自然的好去处""未受污染的长寿岛"。环境就是财富，环境就是竞争力。纯净、无污染的良好生态环境构筑了海南据以持续发展的客观物质基础。因此，海南在开发生态型、健康型、度假型会展旅游项目方面具有得天独厚的优势，可通过这些类型产品的开发，共同打造海南特色会展旅游品牌。

### 2.1.2 独特的区位优势

海南地处南太平洋的黄金海道，近傍中国香港、中国澳门，遥望中国台湾，对内紧靠经济发达的珠江三角洲，外邻亚太经济圈中最活跃的西太平洋环形带经济圈，处于日本到新加坡的中段，是我国通往东南亚、印度洋、非洲、欧洲的海上必经通道，是我国海运中枢。交通上，以海口、三亚为代表的沿海城市基础设施状况均得到较大改善，目前已开辟多条与周边地区和中国内陆连通的交通线路，构成便利的内外交通网络，同时，粤海铁路的运营、琼州大桥的修建为海南与外界的紧密联系做了巨大的贡献。优越的地理位置以及方便快捷的交通网络为发展海南会展旅游提供了基础条件。

### 2.1.3 博鳌亚洲论坛的品牌效应

2001年2月，博鳌亚洲论坛（被视为相当于欧洲的达沃斯论坛）成立大会在博鳌举行，吸引了20多个国家前政要及经贸学术界人士参会。会议的成功举办使得博鳌度假区享誉海内外，证明了博鳌具备举办高层次会展旅游活动的能力。亚洲论坛在博鳌成功举办至今历时11年，为海南会展旅游业的发展打下了坚实的基础。从博鳌亚洲论坛设立以来，有近2000个大小会议相继落户海南岛，蓬勃发展的会议经济对全省的会展旅游成长产生了巨大的带动作用。

### 2.1.4 迅猛发展的旅游业

近年来，海南的旅游业发展迅速。统计数据显示，2011 年接待过夜国内外游客达 3001.34 万人次，同比增长 16%，其中接待入境游客达 81.46 万人次，同比增长 22.8%；实现旅游收入 324.04 亿元，同比增长 25.8%。而 2005 年接待过夜国内外游客仅有 1516.47 万人次，其中入境游客 43.19 万人次；实现旅游收入 125.05 亿元，短短 6 年内旅游接待人数与旅游收入显著增长。旅游业的迅猛发展为会展旅游的发展奠定了基础。

## 2.2 劣势分析（Weakness Analysis）

### 2.2.1 现代服务业水平较低

会展旅游是一种在现代化条件下展开的团体性间接旅游活动，不仅涉及众多社会服务行业，而且其产业的产出比例相当高，国际上有 1:9 的说法，即办会展的场馆收入是 1，那么相关的社会收入就是 9。高强度的产业关联度加上层次高的特点，要求海南需要具备高质量、高层次的现代服务业，但是目前海南服务业的现代化水平较低，表现在层次较低，内部结构不合理，传统服务业所占比重较大。这在很大程度上阻碍了海南会展旅游的发展。

### 2.2.2 设施设备不完善

虽然目前海南国际会展中心已经建成并投入使用，但海南的会展设施建设的规模还不够大，如博鳌亚洲论坛国际会议中心和三亚美丽之冠文化中心的建筑面积分别仅为 3.7 万平方米、1.3 万平方米，与北京、上海、广州、深圳、大连等会展业发达城市主要展馆相比有较大的差距。

### 2.2.3 缺乏专业人才

海南从事会展旅游的专业人才普遍匮乏，目前会议业、论坛业、

展览业等都处于全行业人才紧缺状态，博鳌论坛每年都要从海南高校中挑选学生充当志愿者，以解决人才不足问题。可以说是从下游的接待工作到上游的策划组织以及上下游的无缝隙对接工作方面，都存在严重的专业人员紧缺的情况。

### 2.2.4 城市化发展较慢

海南建省至今才 24 年，在全国 34 个省级行政区中是最年轻的一个。由于建省较晚，加上海南处于中国的最南端，隔着琼州海峡与内陆遥遥相望，使得海南与内陆间的联系被隔断，导致发展速度较慢。目前，海南的 18 个市县中地级市仅有 2 个、县级市 5 个、县11 个，城市化水平不高。

## 2.3 机遇分析（Opportunities Analysis）

### 2.3.1 国际旅游岛的建设

2010 年 1 月，《国务院关于推进海南国际旅游岛建设发展的若干意见》（以下简称《意见》）正式印发，标志着海南国际旅游岛建设上升为国家战略，海南发展面临新的历史机遇，有利于海南会展旅游的发展。《意见》指出，要把海南建设成为国际经济合作和文化交流的重要平台，发挥海南对外开放排头兵的作用，依托博鳌亚洲论坛的品牌优势，全方位开展区域性、国际性经贸文化交流活动以及高层次的外交外事活动，使海南成为我国立足亚洲、面向世界的重要国际交往平台。

### 2.3.2 政府的支持

海南国际旅游岛建设上升为国家战略，表明了海南发展得到了国家的大力支持。《意见》指出，要加快发展文化体育及会展产业。加快发展文化产业，引进创意产业人才，大力发展文化创意、影视制作、演艺娱乐、文化会展和动漫游戏等各类文化产业，积极培育

具有海南地域和民族特色的文化产业群。鼓励举办大型旅游文化演出和节庆活动，丰富演艺文化市场，支持海南举办国际大帆船拉力赛、国际公路自行车赛、高尔夫球职业巡回赛等体育赛事。在海南试办一些国际通行的旅游体育娱乐项目，探索发展竞猜型体育彩票和大型国际赛事即开彩票。办好博鳌亚洲论坛年会，完善博鳌会展服务设施，积极招徕承办各种专题会议展览，举办博鳌国际旅游论坛和国际旅游商品博览会，培育国际会展品牌。优化会展业发展环境，对入境参展商品依法给予税收优惠和通关便利。

### 2.3.3 我国会展旅游发展趋势越来越好

我国会展旅游发展呈现全球化、信息化、专业化、规模化、特色化、创新化、生态化、品牌化、现代化等特点。地球村的概念逐渐增强，信息技术发展速度快，交通发达，使得会展旅游的举办已经跨越国线，把全球联合起来，国际化趋势好、信息化程度高。现在会议多为年会、国际会议展览等，全国性乃至世界性的会议居多，会展的规模越来越大。许多地方都结合自身的特色来发展会展旅游，把特色文化和会展旅游结合起来，创新发展。总的来说，我国会展旅游发展趋势越来越好。

## 2.4 威胁分析（Threats Analysis）

### 2.4.1 周边地区的竞争压力

海南毗邻香港、广州、新加坡、马来西亚等会展旅游业发展较成熟的地区，这样的一种包围圈式的地理位置给海南会展旅游的发展带来巨大的竞争压力。香港、广州、新加坡、马来西亚等国家和地区的会展旅游发展起步早，会展设备齐全，经验丰富，基础设施建设完善，旅游资源市场广阔，在全国乃至世界会展旅游业中都具有较强的品牌地位。

### 2.4.2 市场化运作机制不完善

海南会展旅游发展起步晚、速度快，但会展旅游运作方面的经验不足、市场机制不完善，甚至可以说是缺乏运作机制。低水平、小规模、多头办展现象普遍，许多会议和展览的规模小、水平低，会展的相关服务跟不上，运作机制混乱。利益冲突多、协作成效低、恶性竞争严重、市场化运作机制不完善极大地阻碍了会展业的发展。

## 3 发展海南会展旅游的建议

### 3.1 利用资源，做好定位

海南具有优美的环境资源、丰富的生态资源、舒适的气候条件等，被誉为中国的"后花园"。海南应利用这样独特美丽的资源优势，对海南会展旅游的发展做一个定位，如休闲娱乐之风，海南文化之韵，会展旅游之都。在休闲娱乐的定位基础上体验会展旅游，把海南独特的地方文化融入会展旅游中，可为海南会展旅游的发展打造一个独特的定位主题。

### 3.2 开发产品，形成品牌

努力构建会展品牌是海南会展旅游业发展的基本要求。会展旅游品牌的塑造，只有与当地特色资源和支柱产业相结合，才能获得成功。海南四面环海、海洋资源丰富、气候条件优越、生态环境良好，会展旅游发展应以"健康、生态、休闲、娱乐"的品牌总体定位为基础，结合当地多样的资源优势，打造系列化品牌产品，为海南会展旅游的发展在中国乃至世界中形成独特的强烈品牌效应。

### 3.3 加强管理，完善机制

海南会展旅游业发展起步晚、发展速度快，导致在会展业管理方面比较混乱，没有形成统一的管理机制。会展旅游业需要大量的

硬件措施，如具备现代化设备的会议室等，还需要大量的会展人才负责会展策划、准备、接待、宣传等工作，这些工作能否串联起来顺利开展，取决于管理机制的完善与否。海南会展旅游业目前没有统一的管理机制，导致许多工作无法顺利开展。政府应该成立或指定相关部门专门管理海南会展业，使会展旅游这艘巨轮在海南的航行中能够具备一个技艺高超的舵手，带领它乘风破浪，顺风前进。

### 3.4 加强建设，培养人才

海南会展旅游发展的其中一个劣势是缺乏专业人才。政府应建议并支持相关学校开设会展方面的专业，聘请具备高深资历与丰富经验的老师、教授等为社会培养优秀的会展专业人才；学校和企业应加强联系，共同培养既具备理论能力，也具备实践操作能力的专业人才，为海南会展旅游业提供更多的专业人才。

### 4 结 语

通过以上的SWOT分析发现，海南发展会展旅游具有很大的优势。海南资源丰富、区位独特、旅游业发展快，海南发展会展旅游的机遇与挑战并存。在依托自身丰富的资源、优越的天然条件与建设国际旅游岛这个国家政策的支持下，借助国际会展旅游蓬勃发展这个大的趋势环境，海南省政府以及会展旅游相关企业应利用好发展优势，完善会展旅游的发展机制，并努力将劣势转化为优势，更好地发展海南会展旅游。

（发表于《企业导报》2012年第15期）

**参考文献**

[1]黄骥.海南发展会展旅游刍议[J].北京第二外国语学院学报，2002(4):61-64,73.

［2］符晓亮,黄晓丽.会展旅游:海口旅游发展的新亮点[J].特区展望,2001(6):48-50.

［3］黄骥.对海南发展会展旅游的思考[J].琼州大学学报,2002(1):86-88.

［4］叶朝博,陈海鹰.基于SWOT分析的海南会展旅游发展策略研究[J].特区经济,2011(2):165-166.

［5］姜婷.论海南岛会展旅游发展策略研究[J].科技信息,2011(24):454-455.

［6］詹伟芳.会展旅游的运作模式与管理机制研究[D].广州:华南师范大学,2007.

［7］李颜.海南会展旅游品牌构建研究[J].企业经济,2009(5):61-63.

［8］王琳.国内会展旅游发展研究综述[D].南京:南京农业大学,2007.

［9］周文琦,李晓东,娄在凤.乌鲁木齐发展会展旅游的SWOT分析与对策[J].资源与产业,2007(2):87-89.

［10］李旭,马耀峰.国外会展旅游研究综述[J].旅游学刊,2008(3):85-89.

# 新能源汽车产业发展研究探讨

近年来我国社会经济得到了迅速发展，但是在发展过程中对环境也造成了一定的破坏。新能源汽车能够有效缓解传统汽车带来的环境污染问题，因此应加强对新能源汽车技术的研究力度，推动我国汽车产业的快速发展，从而满足我国可持续发展的实际需求。

## 1 新能源汽车的特点与优势

### 1.1 使用成本低、节能环保

较之于传统的燃油汽车，大多数新能源汽车都使用电能等清洁能源作为动力来源。较之于传统汽车的汽油价格，将电能作为动力源可以有效降低汽车的行驶成本，也能够满足我国节能减排工作的要求。在相同里程下，新能源汽车的花费大约是燃油车的五分之一。

### 1.2 驾驶、乘坐体验感佳

在驾驶新能源汽车过程中不仅不会出现多齿比变速器在换挡过程中的顿挫感，还能够显著降低汽车行驶的振动与噪声。此外新能源汽车在使用过程中应用的多是清洁能源，与燃油车对比，不会释放刺激气味，因此能够让驾驶员与乘客的舒适度进一步提升。

### 1.3 结构简单、后期保养方便

新能源汽车自身还具备结构简单与制造难度低的应用优势，后续保养也比较方便。当新能源汽车出现运行故障之后，只需要进行内部零件的更换处理，就可以保障汽车的正常使用。因此，新能源

汽车的应用，还能够对传统燃油车的维修周期短以及保养次数多等
问题起到良好的改善效果，从而满足消费者的实际用车需求。

## 2 新能源汽车的发展趋势

### 2.1 全固态锂电池

全固态锂电池是一种密度大、体积小的固态形式电池，其所有
结构与材料都不含有液体，并且能够实现电能的有效存储，满足新
能源汽车在行驶过程中的能源供给需求。此外，全固态锂电池自身
还具有结构稳定性强的应用优势，在新能源汽车领域中获得了良好
的应用效果。

### 2.2 氢燃料电池

氢燃料电池指的是利用氢元素生成、转移以及释放能量过程的
原理所制造的一种能够储存能量的电池。在氢燃料电池使用过程
中，可以分别将氧与氢提供给阳极与阴极，氢通过阳极朝着外面进
行转移，随后在与电解质发生反应之后产生能量，从而保障氢燃料
电池的正常工作。较之于传统的电池模式，氢燃料电池在反应过程
中只会产生水与能量，因此不会对环境造成严重的污染。此外，氢
燃料电池还能够在3—5分钟内充满电，且具备续航时间长的应用优
势。因此，氢燃料电池的应用，能够对传统新能源汽车续航时间短
的问题起到良好的解决效果，这也是我国新能源汽车行业重要发展
趋势之一。

### 2.3 太阳能电池

太阳能电池的本质是一种光电半导体薄片，其能够直接通过光
化学效应或者光电效应，直接将太阳能转变为电能。太阳能电池
最早应用于工业发电领域，并且具备生产成本低以及转化率高的
应用优势。近年来我国太阳能发电技术得到了非常迅速的发展，

其应用范围也变得越来越广泛，在我们的日常生活中也得到了广泛的应用。

太阳能电池在应用过程中能够进行自然光的吸收，随后将太阳能转变为电能，满足新能源汽车的运行需求。但是在新能源汽车领域应用太阳能电池的过程中，还存在太阳能摄取难度大的问题。尽管如此，随着科学技术的不断发展，太阳能电池势必会成为新能源汽车的主流能源形式。

### 2.4 换电技术与无线充电

目前我国汽车电池系统还存在电池能量密度低、技术提升慢的问题，导致新能源汽车的续航能力低下，也就难以满足消费者的实际使用需求。很多消费者因为担心新能源汽车的行驶里程不长，而不愿意购买新能源汽车。通过改良充电方式，能够让新能源汽车的续航里程进一步提升，消除消费者的顾虑。换电池技术以及无线充电技术在此背景下也获得了良好的应用效果。其中无线充电技术应用谐振式传感器实现新能源汽车的无线充电，对于传统新能源汽车的充电难问题也能够起到良好的控制效果。较之于有线充电技术而言，无线充电技术还具备使用寿命长以及安全性高的特点，也就逐渐成为我国新能源汽车的必然发展趋势之一。

### 3 推动新能源汽车产业发展的对策

### 3.1 合理制定发展规划

目前我国新能源汽车在发展过程中还存在比较多的问题，需要在结合其发展现状基础上，进行汽车产业发展规划的合理制定，随后联合产业未来趋势进行长期规划工作。比如可以联合世界上一些产业链比较完善的汽车品牌进行招商引资，各级政府部门对新能源产业的发展土地以及其他资源给予优惠性政策。最后则需要从技术

角度入手，强化技术评估人才的培养力度，为新能源汽车产业的发展提供良好的人力资源。

### 3.2 优化推广策略

目前我国一些民众对于新能源汽车还存在一定的认知误区，这就需要进一步加强对新能源汽车的推广力度，让更多群众能够对新能源汽车的应用优势充分掌握。政府部门还要充分发挥出自身的引导作用，提高民众对于新能源汽车的消费意愿，并吸引更多的社会资本参与到新能源汽车发展中，为新能源汽车的技术研发提供良好的保障资金。

### 3.3 加大政府扶持力度

新能源汽车能够满足我国可持续发展战略的推行需求，也是我国汽车行业的必然发展趋势，对于社会经济发展也有着重要意义。因此，政府部门还需要加大对这一新兴产业的政策扶持力度，为其发展创造出良好的市场环境与社会环境。对于一些新能源汽车的研发企业，可以通过税收优惠政策的方式，提高企业进行技术研发的积极性。对于投资新能源产业园区的企业，在土地供给方面应该给予大力支持。此外，对于消费者购买意愿不足的问题，政府部门也需要出台一系列的补贴优惠政策，促进新能源汽车行业得到进一步发展。

### 4 结束语

综上所述，新能源汽车作为我国汽车的必然发展趋势，对我国汽车行业的发展也有非常重要的推动作用。因此，我国应加强对新能源汽车的技术研发力度，并且通过多种途径完善新能源汽车市场，为我国新能源汽车行业的发展营造出良好的市场环境。

（发表于《工程建设标准化》2021年第12期）

**参考文献**

[1]任海.中国新能源汽车用锂电池产业现状及发展趋势[J].当代化工研究,2021(6):14-15.

[2]李富梅.低碳经济背景下我国新能源汽车产业发展的对策研究[J].时代汽车,2021(3):95-96.

[3]陈明.新能源汽车产业协同发展的思考与研究[J].内燃机与配件,2021(3):148-149.

[4]张蓓.柳州新能源汽车产业国际化发展的路径研究[J].中国市场,2021(17):50-51,76.

[5]周长城.浅谈我国新能源汽车产业技术与发展调查研究[J].内燃机与配件,2021(4):187-188.

# 从德国"绿腰带项目"
# 看中国休闲创意农业发展趋势

  休闲创意农业是集农业生产、生活、生态和文化创意四位一体的新型农业业态，利用田园景观、自然生态及环境资源，结合农林渔牧生产、农业经营活动、农村文化及农家生活，为市民提供休闲娱乐途径，增进国民对农业及农村的体验，创造性地把文化艺术活动、农业技术、农副产品和农耕活动以及市场需求结合起来，在经营上更是结合了农业产销、农产加工及游憩服务等三产业于一体，而形成的彼此良性互动的产业价值体系，为农业和农村的发展开辟全新的空间，并实现产业价值的最大化。

  休闲创意农业的准则是农业生产、乡村居住环境、人与自然相处、文化创意。其特色是自然田野生活、自然环境认识教育、自然保护认知教育，欣赏动态的生物生活、生态活动和静态的农村人文活动。中国作为农业大国，随着工业化和城市化进程的加快，有必要结合国外先进的经验和做法，对这一新业态建设内容进行研究。

## 1 德国"绿腰带项目"概况

  "绿腰带项目"是德国慕尼黑市政府在郊区实施的休闲创意农业项目。该项目实施的目的是保持绿腰带地区的农业用地，并赋予该地区的农业以与未来相适应的形式，同时在该地区的农业、休闲、

自然保护等功能之间建立一种均衡、和谐的发展关系，通过保护慕尼黑郊区的湖泊、森林、灌木区、草地和农田来保障慕尼黑人民未来的生活质量。"绿腰带项目"的内容主要有生态农业、环境保护和文化休闲三个方面。

## 1.1 生态农业

慕尼黑位于德国南部，是德国最大的联邦州巴伐利亚的首府，面积 310 平方千米，人口 126 万，人口密度为每平方千米 4277 人，辖 25 个区，是德国的第三大城市，仅次于柏林和汉堡。与其他世界级大城市相比，无论是从人口数量还是从土地面积上看，慕尼黑都像是一个小村庄，但是这丝毫也没有减弱慕尼黑作为国际大都市的重要性。相反，被许多人称为"百万村庄"的慕尼黑不仅在战后迅速发展成为德国南部重要的政治、经济、交通和文化中心，而且以其独特的人文景观和田园风格在国际大都市中独树一帜。20 世纪 90 年代以来，慕尼黑市政府在郊区农村实施了"绿腰带项目"，在发展生态农业、加强环境保护的同时，大力发展创意农业，利用郊区农村的生产、生活、生态资源，发挥创意、创新构思，研发设计出具有独特性的创意农产品和活动，进而提升现代农业的价值与产值，创造出新的、优质的农产品和农村消费市场与旅游市场。"绿腰带项目"中的"绿腰带"，指的是慕尼黑城市外围没有覆盖建筑物的土地，也是连接慕尼黑城区和相邻乡镇的地带，慕尼黑市政府和郊区的农民们一起制定了一系列的行动方案。

### 1.1.1 干草方案

干草方案是保护性使用绿腰带地区土地的一个典型做法。市政府鼓励农民保留布满鲜花、但却正在不断减少的草地，农民们通过把草地上的干草分成小包装卖给城里的小动物饲养者，获得了更多

的收入。而对于城里人来说，干草包包含着的不仅是宝贵的、天然的美味饲料，还融入了来自慕尼黑绿腰带地区的家乡的味道。由于草地不需要过多的养护，因此此项措施还大大保护了水源和土地。同时，草地上遍布的鲜花给人以视觉上美的享受，吸引了许多城里人来这里踏青、郊游。特别是对于那些城里的孩子们来说，在广阔的原野上自己采摘一束鲜花实在是个不同寻常的经历。

#### 1.1.2 菜园方案

菜园方案是绿腰带地区的农民和市政府共同开辟的一条发展道路，旨在满足大城市居民迫切的回归自然的要求。长久以来，许多城市居民都梦想有一个自己的菜园，而这些城里的园艺爱好者往往只能在自家的阳台上用小箱子来侍弄花草。"绿腰带项目"实施之后，他们可以在"绿腰带"上实现自己的梦想。"绿腰带"上的农民将自家的菜地分成 60 平方米每块的小块来出租给城里人，且菜地的位置尽可能地靠近城市聚居区，租费也非常便宜，每年只有 110 欧元。菜园方案从 1999 年开始实施，目前在"绿腰带"有 10 块这样的地方，提供超过 500 个小菜园。与其他城市郊区的菜园不同，"绿腰带"上的菜园每年只出租半年，即从 5 月中旬到 11 月中旬。在 5 月中旬之前，土地的翻耕、播种等前期工作都由专业人士来完成，以此来保证正确的种植间距和最优化的种植安排。承租者于每年的 5 月中旬来接管菜园，每周需要投入 2—3 小时的工作。在种植蔬菜的过程中，矿物肥料和化学保护剂是绝对禁止的。

菜园方案除了为农民带来经济方面的收入，还具有重要的社会意义。对于城里的孩子来说，亲历蔬菜的生长，包括种植和浇水等，是一场难忘的经历。这些年轻的小园丁会突然间喜欢上某些蔬菜，而这些蔬菜在以前通常都是被搁置在盘子的边缘。对于成年人来

说，和菜园的邻居们进行愉快的交谈，互相交流园艺和厨艺经验，也是一种幸福的享受。城市居民获得一份自然、和谐、安宁和悠闲，而"绿腰带"上的菜园让这些都成为可能，正如"菜园方案"的广告语所说："60平方米的维生素，60平方米的生活乐趣"。

### 1.1.3 森林方案

慕尼黑郊区拥有约50平方千米的森林。丰富的森林资源不仅带来了丰富的木材资源，而且还发挥着蓄水、防风、净化空气及防止水土流失的功能。它是保护环境的重要力量，也是人们理想的休养之地。慕尼黑在保护森林的同时，还开发出森林的科普和环保教育功能、医疗功能、休闲娱乐功能等。

（1）学校经常组织孩子们去"绿腰带"上的森林里，在护林员的带领下接触森林、认识森林、了解森林。在这一过程中，护林员给孩子们富有情趣地讲解森林里的树木种类、木材的使用、森林的功能、森林的土地类型、食物链、森林与水的关系以及在森林里正确的行为方式等话题。而对于成人来说，森林之旅也会让他们获益匪浅，护林员会耐心地告诉游客：森林是如何生病的，可持续发展意味着什么，为什么要伐木，树木年轮上的数字代表什么，为什么森林里会有很多枯树，为什么要在森林里修建篱笆。

（2）"绿腰带"上的森林还是一些企业开展培训项目的好场所，如团队精神培训、创造性培训、灵活性培训等。将这些培训项目从公司的会议室搬到郊外的森林里，不仅在形式上是新的创意，而且会带来意想不到的培训效果。

（3）在马背上去重新认识森林，总是给人以新的感受，让人有新的收获。这种动物疗法风靡欧洲，人们借助各种动物如马、狗、兔等，对各种身心不健康的病人进行治疗。骑术治疗不同于传统的

治疗方法，无需药物和医疗器械，而是将恐惧、枯燥的治疗寓于娱乐和休闲活动之中，往往可以达到一般治疗所达不到的神奇治疗效果。"绿腰带"上的农民在政府的帮助下，根据自身的优势，开辟了骑术治疗项目。接受治疗者在治疗教练的帮助下，在马背上（通常是不配备马鞍的）完成各种治疗项目。①在心理治疗方面，骑马疗法可导致新条件反射的形成和旧条件反射的消失，促进新习惯的产生。在马背上可以转移接受治疗者对病况的过度关注和自卑感，从而对人们的情绪和健康状况起到良好的作用，减弱或消除内心的紧张、束缚，产生勇敢、开朗、机敏和顽强的情绪。②在外科中，骑马疗法可以用于发生不幸事故和重手术后的运动能力受限，手和脚的全部与局部的麻痹症，破坏运动协调性的脊柱歪曲等。③对内科病来说，骑马疗法的作用也不可忽视，可用于血液循环器官的补偿疾病、新陈代谢破坏、支气管喘息和肺气肿、植物神经调节紊乱等。在神经学和精神病学实践中，骑马疗法的适应证是巩膜散光、抑郁症、神经痛、嗜酒和嗜麻醉药等。

（4）除此之外，"绿腰带"里的森林、草地和农庄对城市居民都有很大的吸引力，大大小小湖泊也是人们游泳的好去处。采蘑菇、慢跑、野餐、骑自行车漫游……慕尼黑的自然爱好者在"绿腰带"上可以经历很多，而且不分四季。因此，慕尼黑人常说：慕尼黑"绿腰带"永远都是旺季，永远都很热闹。在"绿腰带"这块 335 平方千米的土地上，可以找到许多机会，可以成就许多事情，每个人都可以找到适合自己的位置。

### 1.2 环境保护

"绿腰带项目"的核心内容便是环境保护。值得一提的是，对慕尼黑郊区的生态进行保护，这在"绿腰带项目"实施之前就早已开

始了，"绿腰带项目"进一步推动了这项旷日持久的绿色环保运动。可以说，"绿腰带"上的农民们长期为保护和促进这块土地的生态功能做着贡献。

德国《联邦自然保护法》规定，要保护自然生态和风景面貌尽可能少地受建筑措施的影响。如果这种影响是不可避免的，那么就要采取相应的平衡措施。根据这项法律的规定，慕尼黑市政府在进行城市规划（特别是建筑规划）时，要充分考虑土地的平衡措施，但是往往却很难在规划区域的附近找到有意义的平衡面积。于是，慕尼黑市政府在 1996 年做出决定，在郊区的农村建立自然生态区。具体的方法是，在"绿腰带"地区选择合适的自然风景区，通过高强度的粗放型经营措施和重新自然化的手段来建立群落生境组合。以"绿腰带"上的第一个自然生态区"爱舍丽德苔藓区"为例，这里原来是慕尼黑西部的低地沼泽带，人们对这块区域实施了重新自然化，从风景保护和自然保护的专业角度来提升这一区域的价值，并且使之与市政府的物种保护和群落生境保护计划相吻合，发展重要的群落生境组合。

很多年来，在与慕尼黑自然保护局的密切合作中，绿腰带地区的农民采取了很多措施来保护野生物种和群落生境，实施了一系列的自然保护项目。例如，在低地沼泽区移走与土地不适应的杉木。杉木作为沼泽区的"外来移民"严重影响了"土著"的生长。高大的杉木遮挡光线，沼泽地带上其他的低矮植物因此得不到阳光的照射。杉木的迁移使它们终于赢得了阳光下的位置。再如，农民们采取措施使池塘重新自然化。此外，农民们还改变了原来的经营方式，增大土地面积，对土地进行粗放式的经营。原先的密集型经营虽然提高了农业生产的效率，但是却导致农田里不再有供其他动植物生

存的空间，直接受到最严重威胁的是山鸠。通过粗放型经营，不仅保护了山鸠，受益的还有鹌鹑和野兔。经过多年的努力，自然保护项目取得了显著的成效，珍贵的沼泽灰蝶又回来了，消逝了多年的报春草也重新成了"绿腰带"上的居民。

除了自然生态区，慕尼黑还拥有 50 平方千米的森林。慕尼黑林业政策的直接目标就是保护林区的面积和功能免受减少和破坏。"绿腰带项目"为人们提供了一系列文化休闲活动。

### 1.3 文化休闲

"绿腰带项目"为人们提供了一系列文化休闲活动。

"绿腰带"首先是自行车旅游爱好者的天堂。在"绿腰带"上，有专门设计的自行车旅游线路，它们往往纵横交错，向不同的方向延伸。人们可以在这里尽情享受美丽的田园风光，经历各种各样多变的地貌。即使是在相对很小的范围内骑车旅游，多变的线路也不会让人们感到单调。

"绿腰带"也是漫游的好场所。"绿腰带"上的森林、湖泊、沼泽、草原以及那里的动物都会让漫游者心旷神怡。"贴近土地"是漫游者的初衷，但是"绿腰带"总是会带给他们各种各样的惊喜。

"绿腰带"还是骑马爱好者的好去处。特别是在春天的时候，农民们将自己的马匹出租给骑马爱好者，他们可以在自由的天地里任意驰骋，而不是在骑马场里兜圈子。在马背上去重新认识森林和草原，总是会让人有新的收获。

"绿腰带"地区还有很多由于人工开采砾石而形成的湖泊，它们是慕尼黑人进行水上运动的好场所。另外，在这里还能采蘑菇、慢跑等。

## 2 我国休闲创意农业现状、存在的问题和可资借鉴的经验

### 2.1 我国休闲创意农业现状、存在的问题

#### 2.1.1 我国休闲创意农业现状

自 2008 年民革中央首次在全国政协会议提出《关于发展创意农业的几点建议》以来，我国在推进传统农业向现代农业转变的过程中，积极发展都市农业、生态农业、观光农业等多种形式的创意农业。农业已由单一提供农产品转变为改善城乡环境面貌、发展旅游文化产业的重要手段，涵盖以现代农业、农村为代表的吃、用、玩、观赏以及其他活动形式等，形成以农业主题公园、新型农业产品、农业废弃品加工等为代表的极具特色和活力的农业新产业、新产品，成为都市型现代农业和城郊旅游的新亮点。

中国第一家创意农业机构——洛可可创意农业的成功实践标志着创意农业在中国的兴起，为提高农产品销量和农业附加值积累了丰富的实践经验。自此，我国在创意农业方面的实践事例越来越多，为我国发展创意农业奠定了扎实的基础。中国发展休闲创意农业的优势很多，一是人口基数大，城市化进程越来越快，对新型的创意休闲农业的需求越来越强烈；二是国土广袤，资源丰富，有北国风光、有南方情趣，千差万别、多姿多彩，对消费者的诱惑力很大；三是近十年来，中央连续 4 次出台 1 号文件，支持农业、农村和农民"三农"工作，为发展休闲创意农业奠定了很大的政策基础和保障；四是国际交流越来越多，借鉴国外先进的经验，如德国"绿腰带项目"，必然带动我国休闲创意农业的发展。

#### 2.1.2 我国休闲创意农业存在的问题

由于我国创意农业起步较晚，在技术、人才、市场等方面不够成熟，没有形成一个统一的机制，仅仅靠少量的成功创意农业机

构支撑着创意农业的发展，大大阻碍我国在创意农业发展方面的前进脚步。同时，我国农业机构领导的重视程度不够、土地资源缺乏、相关人才缺少等问题也制约着我国创意农业的发展。具体情况如下。

（1）我国休闲创意农业还处于初级阶段。涉农的企业规模较小，实力较弱，产品质量和加工水平较低，农产品出口质量和效益不高等问题普遍存在。大部分创意农产品仍以农户生产经营为主，呈现出"小规模、大群体、小生产、大市场"的格局；创意农产品出口企业缺乏国际竞争力，农产品行业组织发展滞后。同时，我国农业基础薄弱，如生产规模小，产品总量小，产业链条短，规模化和集约化程度不高，能够形成品牌和规模的产品不多，农产品标准化程度不高。

具体来说，近几年国家对农产品的质量安全提出了更高的要求，全面推行农产品认证制度，然而，由于农产品市场不够规范，小摊小贩化的经营模式仍然为农产品市场的主导，使得农产品质量参差不齐，产品标准不统一；农业生产效率低，农业结构不合理，农民文化素质不高，农业投入低及规模经营落后；土地、水资源、农业经营规模、农业科技传播、财政支农力度、市场发育程度等的限制，使得我国与世界上一些发达国家相比，农产品价格竞争力仍有一定的差距，创意农产品的优质优价难以充分体现；我国耕地抗灾能力差、农业生产条件和生产环境相对落后、农业生产水平相对低下，普遍存在劳动生产率低、土地产出率低、资源利用率低、比较效益低、农产品附加值低的"五低"情况。如此等等，这都使休闲创意农业的发展受到严重的制约。

（2）创意农产品的技术含量和附加值有待于进一步提高。相关

科研投入和技术储备严重不足，生产、加工技术落后，不少农产品的品牌国际知名度和认可度不高。许多企业过分依赖他人的品牌，品牌意识薄弱。大多数企业仍以产品功能宣传为主体，没有进入更高层次的服务行政竞争范畴。特色创意农产品生产水平比较低，资源优势和比较优势未能充分发挥。加工和营销服务滞后，产品科技含量不高，标准化、安全化生产意识不强，产品竞争能力和效益亟待提高。

（3）创意农产品品牌运作方面的高层次专业人才紧缺。我国农业劳动者的主体为农民，农民的素质较低、技能较差、观念较落后，使之难以冲破传统农业和小农意识的束缚，成为创意农产品生产线上的高端人才。

（4）没有建立起休闲创意农业投资稳定增长机制。目前，我国农业科研和农业经济脱节问题还没有根本解决，农业科技投入增长机制与农业综合生产能力稳步提高的要求不相适应。农业技术推广机制不活、投入不足、渠道不畅、手段不一，没有建立起农业投资担保体系，没有建立健全财政支持农业发展的激励引导机制，制约了我国休闲创意农业的向上发展。

### 2.2 可资借鉴的经验

德国慕尼黑"绿腰带项目"给我国休闲创意农业有许多可借鉴的经验。

第一，高质量发展生态农业。慕尼黑郊区的农业主要以生态农业为主，这主要是由郊区的服务性功能决定的，也符合现代国际大都市郊区的发展状况。由于我国城市的迅速发展，郊区的农业用地有限，因此郊区一般不具备大规模从事农业生产的条件。在这种情况下，就要优先发展生态农业，依托城市强大的农业科研力量，建

立生态农业示范区，为城市居民提供高质量的食品，探索未来农业的发展道路，形成城市郊区的可持续发展的绿色农业特色。

第二，与环境和谐共处。随着城市化进程的加快，郊区的环保功能变得越来越重要。对于我国的大城市来说，郊区的环保功能对改善城市的居住质量具有不可忽视的作用。我们应大力加强郊区的环境保护，增强郊区农民的环保意识，为郊区同时也为城市创造良好的居住环境。

第三，多层次开发文化休闲旅游项目。随着我国经济的持续发展，人们的生活水平不断提高，人们手中可支配的资金和闲暇时间越来越多，因此，郊区的文化休闲旅游项目将成为拉动经济增长的又一个抓手。这种集文化、生态、休闲于一体的旅游不仅可以最大可能地保持郊区的自然风貌，从而保护环境，而且可以使城市居民获得更多的贴近自然的机会以满足自身的生理及心理的需求。

第四，与公共设施和社会环境高度发达的慕尼黑郊区相比，我国更应该加强城市郊区的社区建设。由于我国城市，特别是大城市的郊区人口众多、人员构成复杂，因此有必要采取更多的、更有力的措施来促进郊区的稳定、和谐发展。其中，加强郊区的基础设施建设，为郊区农村人口提供有力的社会保障，加强郊区的社区合作等，都是我国城市郊区发展面临的重要任务。

第四，政府注重发挥引导和主导作用。在慕尼黑"绿腰带项目"实施过程中，市政府出台了大量的政策、措施，并和农民及农丁协会共同研究方案、措施，如在菜园方案中，当地政府的直接推动措施至关重要。长久以来，慕尼黑的市民们回归自然的愿望非常强烈，对郊区菜园的需求历来很大。但是，并不是每一个郊区的农民在春季的农忙时节都有时间和精力来照顾城里人的菜地，因此，对郊区

菜园的需求一直远远大于供给。在当地政府的倡议和协调下，成立了慕尼黑菜园园丁协会，该协会收取会员们一定的费用，策划并承担了大部分的组织工作。例如，规定有关的收费标准、管理会员、协调农民与城里人的联系、提供农用器具、出信息板报等，协会有时还会根据具体情况雇用有经验的园丁来统一管理菜园。协会的工作大大减轻了"绿腰带"上农民的负担，为城里人提供了享受自然、享受劳动乐趣的好机会。

### 3 我国休闲创意农业发展趋势

虽然说我国休闲创意农业还是刚刚起步，但发展的后劲很足，发展趋势十分明显，主要体现在以下五方面。

### 3.1 大力发展休闲农场和渔林牧场

休闲农场在进行农业生产的同时，还经营农场体验、童玩、自然教育、民宿等项目。休闲林场在经营传统林业的同时，还经营森林浴、森林游乐、生态教育、赏鸟等项目。休闲渔场在经营渔获的同时，还经营如养殖参观、体验，水上活动，渔业餐饮，民宿等项目。休闲牧场在经营畜牧生产的同时，还经营牧场风光体验、亲近动物、生态教育、童玩、戏水、健行、民宿等项目。

### 3.2 引导发展乡村深度体验

近年来市场的发展，已经由差异化服务经济进入体验经济。若以企业立场而言，所谓"体验"，就是以企业为舞台，以商品为道具，环绕着消费者，创造出值得消费者回忆的活动。这其中商品是有形的，服务是无形的，而创造出的体验是令人难忘的。乡村深度体验为消费者在消费过程中，借助农业特有的"三生"（生产、生活、生态）、"六觉"（视觉、嗅觉、味觉、听觉、触觉及感觉）及地方文化特色，对农业生产技术、农村生活、农业生态景观及农村地

方文化特色的体验，且对于每位消费者而言，这种体验都是独一无二的。

### 3.3 适度发展CSA（社区支持型农业）

CSA 的概念源于 20 世纪 70 年代的瑞士，并在日本得到最初的发展。当时的消费者为了寻找安全的食物，与那些希望建立稳定客源的农民携手合作，建立经济合作关系。现在，CSA 已经在世界范围内实践，并与游憩元素结合，故又称为市民农园。

CSA 的每个人对农场运作做出承诺，让农场可以在法律上和精神上成为该社区的农场，让农民与消费者互相支持以及承担粮食生产的风险和分享利益。这是一种城乡社区相互支持，发展本地生产、本地消费式的小区域经济合作方式。在这种合作的基础上，CSA 一方面看重在保护生态及资源下共同承担、相互分享的社区关系，看重社区中情感及文化的传递，另一方面则往往会推行健康农作法，永续生活及包括身、心、灵在内的整合的健康观念。CSA 主要关心的是食物安全和农业土地的都市化问题，这是一种生产者与消费者共同承担风险与收获的永续的农业方式。若是用方程式来表示，则是"食物生产者＋食物消费者＋每年的互相承诺＝社区支持型农业和无限永续的契机"。"产地直销"落实在 CSA 的做法就是"在地生产，就地购买"，没有剥削与垄断，让小区居民成为养育这些自然农场的支持者，也让农耕者成为健康食材的供应者。

互助、认同、安全、永续——这些都是 CSA 的基础与回馈。近年来，CSA 不仅在生态农法上，也在农粮危机、回农青年的议题上被广泛讨论着。试想，不用舍近求远，在我们的餐食中，这些无毒的食材都与我们比邻而居，也不用烦恼哪天食物不够了，要花好几倍的价格才能吃饱——这是一种什么样的幸福？！正因为不是以完

全利益作为出发点，所以，CSA 更值得信任与扶持。

### 3.4 大力发展乡村长宿休闲

乡村长宿休闲者没有移民或永久居住的打算，而在异地以自有或租借的形式居住半个月到数个月，以与当地居民进行交流互动，或参与居住小区规划设计的休闲活动、体验课程、医疗、养生、保健等相关设施与服务为主要活动，以接触当地的生活空间、体验当地居民的生活模式为主要目标，故参与者的性质倾向生活者。另外，乡村长宿休闲者亦非在当地置产、就业或从事其他有偿活动，基本生活需求或其他层次的需求，皆以居住地存放的退休金或其他渠道的经济资源来满足。简言之，乡村长宿休闲是一种并非移居异乡，亦非永久居留的"居留型休闲"，亦即在异地进行半个月到数个月不等的旅居休闲模式。

乡村长宿休闲是一种居住时间比一般观光旅游时间长，参与者多采用当地租屋居住或长期保有居住设施的长期旅居模式，而非租住观光饭店、民宿的短暂停留的模式。亦即，乡村长宿休闲者是以日常休闲活动为目的，而非单纯走访各处旅游景点，其身份是"生活者"而非"旅行者"。

乡村长宿休闲者以自己的退休金或其他储蓄为生活源泉，而不异地置产、工作，这又与"迁移者"的性质不同，是一种具有旅游休闲和迁移居住部分特色的活动。

### 3.5 因地制宜发展乡村型房车营地

房车营地就是可以满足房车的生活补给和供人休息的场所。房车作为一种休闲文化，房车营地自然也应当具备休闲的功能才能体现出房车露营文化。因此，补给和休闲构成了房车营地最基本的特点。房车营地在一定程度上可以说是专为房车爱好者和自驾者而建

的。房车营地除了可以为房车和自驾者提供餐饮娱乐、住宿外，突出一点是可以为房车提供全套的供给补给服务。房车营地大致可以分为山地型房车营地、海岛型房车营地、湖畔型房车营地、海滨型房车营地、森林型房车营地、乡村型房车营地。其景色风格、娱乐设施各有不同。乡村型房车营地是指选址在优美的乡村地区，与乡村环境融为一体的房车营地。

房车营地通常包括以下几大部分：停车区、生活区、娱乐区、商务区、运动休闲区等。生活区域内有现代化的卫生设备，淋浴、卫生间，并提供洗衣、熨衣、煤气等服务设施。娱乐和运动区域内，开辟有健身、球类、游泳、高尔夫、儿童游乐园等多种运动场地和多功能厅，供游人使用。

如同招待所与星级酒店一样，从最简陋的营地到最豪华的营地会有天壤之别。但一般意义上的房车营地都会有下列设施及服务：房车停车位、饮用水、照明电补给、排污及安全防卫等服务。当然，房车营地的设施和服务远不止这些。房车营地应该是集景区、娱乐、生活、服务为一体的综合性旅游度假场所。

（发表于《理论月刊》2012年第8期）

**参考文献**

[1]于雪梅.为都市系上"绿腰带"：慕尼黑郊区农村的发展及启示[J]德国研究,2006(3):29-33,78.

[2]于雪梅.德国慕尼黑郊区的创意农业[J].团结,2009(1):44-43.

[3]俞晓晶.打造以休闲农业为主的创意农业[J]科技和产业,2008(4):28-30.

[4]章继刚.创意农业:中国农业发展的新机遇[J].中国农资,2009(11):57.

[5]余希.我国休闲农业发展对策探析[J]商场现代化,2007(9):237-238.

[6]盛向红.农业创意化经营要件构型与制度制约[D].长沙:中南大学,2009.

[7]王树进,张志娟.政府如何支持创意农业的发展[J]经济研究导刊,2009(6):33-35.

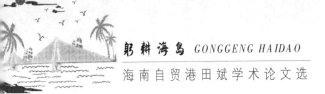
# 医养结合下我国养老健康产业投资途径分析

## 1 引 言

当下，我国养老健康问题已经成为全社会都密切关注的问题，年轻人如何腾出时间照顾老人以及老年人如何度过愉快的晚年成为一个十分棘手的问题。在这样的大背景之下，国家必须出台相应的政策，为养老健康问题提供解决思路。实际上，当前国家正在积极推行的医养结合的健康养老方式就是解决这一问题的重要方法，即通过就医和养老相结合的方式达到全面照顾老年人身体健康以及心理健康的作用。这个想法虽然十分具有益处，但是实施起来却有一些困难，首要的问题就是社会资本的投资问题。当前大部分的民间资本对于养老健康产业还处于观望状态，如何动员社会对养老健康产业的投资是推动养老健康行业发展首先要解决的问题。

## 2 医养结合下我国养老健康产业投资途径存在的问题

### 2.1 投资模式过于单一

当前的投资模式过于单一是限制我国的养老健康产业投资途径的主要问题，具体来说就是当前的养老健康行业的投资主要是政府的投资，而社会上的民间资本认为养老健康行业的发展前景以及投资回报不容乐观。这种单一化的投资模式使得养老健康行业虽然拥有国家投资的扶持以及巨大的市场需求，但是仍然难以实现较为广泛的发展以及服务质量的提升。这些情况也反映出了投资模式的单

一化带来的行业发展动力不足的问题。缺乏多方面资金的投入将会限制行业在社会上的影响力以及服务水平，无法形成良性竞争，难以在短期内实现较好的服务升级，行业的发展也就进入了瓶颈。

### 2.2 投资规则不健全

投资规则不健全是影响我国养老健康产业投资的另外一个关键性的问题。由于目前的养老健康产业的投资规则的制定以及投资框架的维护都是政府负责的，而在指定投资规则这方面政府缺乏对社会资本的宣传以及引导，这就导致当有社会上的民间资本想要对养老进健康产业投资的时候，所面对的投资框架不够清晰，在政府部门之间需要办理各种烦琐的手续，并且在办理的过程中遇到很多限制，不利于企业进行投资。其次，民间资本更加喜欢投资周期短、回报高的行业，而养老健康行业还刚刚起步，想要投资就要承担比较大的风险，而目前又缺乏相关的投资风险控制规则，这一原因也阻碍了民间资本的进入。

### 2.3 投资渠道局限

目前的养老健康产业的投资渠道还主要集中在政府渠道，并且社会上的民间资本投资渠道还没有合理建立，导致整个养老健康市场缺乏多元化的投资环境，这个问题严重阻碍了我国养老健康产业的发展。政府所主导的养老健康产业从投资渠道的设计上来看，对社会上的民间资本缺乏吸引力，并且投资的回报不明晰，投资的方式也比较单一，难以展现出目前养老市场的优势。并且社会上缺乏针对养老健康产业的相关金融机构，因此民间资本想进入养老健康产业时选择非常少，投资流程上也容易受到限制，从而极大地打击了民间资本的投资积极性。

### 3 医养结合下我国养老健康产业投资途径问题的解决措施

### 3.1 健全市场管理机制

想要实现我国的养老健康产业的快速发展，首先要解决的是养

老市场的管理机制不健全的问题，这就要求政府在充分发挥自身的组织协调的管理优势的基础之上，积极地转变自身在管理上的固化思维，对市场管理机制进行科学的制定与严谨的管理。在具体的实施中，政府要充分结合当下的市场经济形势，与民间的金融机构进行合作，加强自身对养老健康市场总体形势的把握，进而精准地提出有效的市场投资刺激方案。除此之外，政府还要对养老健康市场的资源进行优化配置，建立健全更为完善的社会保障机制，为养老市场的发展与投资进入创造有利条件。

### 3.2 扩大投资的渠道

当前政府投资还是处于养老健康产业投资的主要地位，同时对于市场还具有积极的引导作用，但是如果想要实现养老健康产业的健康高效发展，还需要政府进行适当的简政放权，为社会上的民间资本提供更多的投资渠道，以便民间资本对养老健康产业进行考察与投资，进而为养老健康产业构建更加具有活力的发展方案。同时，政府还可以通过健全市场组织体系来完善资本进入的投资渠道，通过与金融机构进行合作的方式来积极融资，从而为养老健康产业的发展提供高效可行的经济刺激方案。除此之外，政府还要充分发挥自身在市场中的调控与引导作用，积极鼓励企业进入养老健康市场，为企业投资的进入提供支持。

### 3.3 建立金融中介服务机构

效率是实现养老健康产业快速发展的前提，而金融机构与养老健康产业的结合可以实现社会资本的集中，进而增强养老健康产业对于民间资本的吸引力，提升行业运行决策的效率。但是对于关乎民生的养老健康产业来说，政府的监管与维护是必不可少的。因此在建设与养老健康产业相关的金融机构时，要注重以政府为主导，

充分发挥政府的主导职能，出台相应的金融法律法规来规范市场的运行，同时通过对进入养老健康产业的资本进行监管来避免市场中出现过多的不稳定金融资本，从而维护整个养老健康产业的健康发展。除此之外，政府还要通过提高组织能力的方式来引导建立较为完善的金融服务格局，进一步扩大资本的使用效率，促进产业的高速发展。

## 4 结束语

综上所述，我国的养老健康产业虽然仍然是刚刚起步的行业，但是目前我国人口老龄化速度加快，这意味着未来我国的养老健康行业必定会在社会的发展体系中占据重要的地位，拥有巨大的市场。目前养老健康产业中的主要投资方还局限于政府，社会上的民间资本还没有积极地参与到养老健康产业的建设中来。对此，政府应积极果断地采取措施对社会资本进行集中，通过这种调整投资结构的方式来促进养老健康产业的快速发展。除此之外，政府还要注重自身职能的发挥以及对整个养老管理体系的建设，充分地从合理且科学的角度为养老健康产业的发展提供明确的投资方向指引，不断完善国家的福利水平，提高人民的幸福指数。

（发表于《工程建设标准化》2021年第12期）

### 参考文献

[1]孙心乐.医养结合下我国养老健康产业投资路径[J].中国科技投资，2017(36):244.

[2]黄佳豪,孟昉."医养结合"养老模式的必要性、困境与对策[J].中国卫生政策研究,2014(6):63-68.

[3]孟颖颖.我国"医养结合"养老模式发展的难点及解决策略[J].经济纵横,2016(7):98-102.

# 有效供给视角下智慧健康养老产业
# 发展问题思考分析

## 1 引 言

我国智慧健康养老产业的发展和相关市场的建设还处于一个相对初期的阶段，但是目前我国 60 周岁以上的老年人口已经占到了人口总数的 17%，我国的智慧健康养老产业的市场需求与发展前景十分巨大、可观。从总体上看，当前智慧健康养老产业的主要矛盾聚焦于智慧健康养老产业的市场需求巨大与智慧健康养老产业的产品供给不足上，即需求和供给的矛盾。想要有效解决这一矛盾，就需要通过多种手段来从各个方面为养老市场的发展提供思路，例如商业模式、科技手段、管理方向等。我国目前的智慧健康养老产业的发展还处于起步阶段，因此需要加强对这一领域的思考与研究，为养老产业的实践提供更为有效的参考。下面将对我国目前的智慧健康养老产业中存在的问题进行简要的介绍，并对问题的原因进行分析与探讨。

### 2 我国智慧健康养老产业目前存在的问题

### 2.1 养老产品供给不足

我国人口老龄化问题严重，因此我国政府以及社会需要面对巨大的压力，但是目前我国的大部分地区养老产品主要是由政府提供

的，社会资本的参与较少，这就导致整个行业的动力不足。这样的养老产品供给结构与社会上大量的养老需求相比，养老产品的供应严重短缺。除此之外，由于目前养老产业的发展方向是高质量的智慧健康养老模式，该模式的投资需求也十分巨大，仅靠政府出资难以维持这个新阶段的养老产品标准，进而导致市场的需求难以得到满足。

## 2.2 社会信息不通畅

我国的智慧健康养老产业的建设与运行并不是孤立进行的，而是由政府各个部门配合推动发展的。主要的联合管理部门包括医疗卫生部门、公安部门以及人力资源管理部门等，这些部门所负责的板块有所不同，体现在职能的分配上。但是目前各个部门之间沟通存在着不通畅的问题，这使得不同部门所负责的模块出现的问题不能及时向其他部门反馈并联动处理。这种信息资源的不对称使得行业管理部门内的信息处理效率低，不能适应市场需求的快速变动，进而严重限制了智慧健康养老产业的发展。

## 2.3 商业模式欠佳

当前的智慧健康养老产业需求巨大，但是行业内占比最大的投资方仍然是政府，这对于智慧健康养老产业来说并不是积极的商业模式。养老行业想要实现智慧化和健康化的发展必须要有民间资本的加入，为智慧健康养老体系的建立提供充足的资金并且起到强大的推动作用。智慧健康养老产业是根据我国的实际市场情形衍生出的，因此其社会的广泛参与性要求民间资本的加入，进而实现较为准确的用户调研，起到广泛的宣传作用，带动产业的正向发展，但是目前正是缺乏这种商业模式的优化与协调发展。商业模式无法跟上社会广大的需求市场，严重阻碍了智慧健康养老产业的发展与老龄化问题的解决。

## 3 我国智慧健康养老产业的主要完善措施

### 3.1 增加养老产品的供给

养老产品的供给在很大程度上取决于社会对于养老产品的需求，而目前正是市场养老产品需求旺盛的时期。我国老龄化人口数量还呈现上升的态势，因此未来一段时间养老产品的需求只会越来越大。面对需求的增加，市场上的产品供给方需要做的就是增加产品的供应，顺应市场的供需关系来实现市场的供需平衡，并获取最大利润。除此之外，市场的产品供求不平衡说明目前市场上仍然存在比较大的利润空间，并且先进入的供给厂商有机会抢占更大的市场份额，有利于提升对市场的话语权，对企业未来的发展有利。因此，在此时增加市场上的养老产品的供给是提升养老市场发展质量和把握发展机遇的重要选择。

### 3.2 加强信息沟通及数据共享

数据资源的共享障碍是当前阻碍智慧健康养老产业发展和服务水平提升的关键原因，因此想要推动智慧健康养老产业的发展就必须要加强管理部门之间的信息沟通以及数据共享。在具体的操作阶段，首先要做的就是建立数据库的共享与连接，并且在进行数据分享时要注重对购买养老产品的客户的隐私信息的保护，防止信息的恶意使用危害客户的信息安全。其次，在社会上还要加强对养老产品的宣传力度，将信息进行积极地引导与宣传，实现社会大众对智慧健康养老产品的认知更新。除此之外，还要加强社会与政府之间的信息共享，政府的有关决策部门要积极地与大众进行沟通与交流，广泛听取大众的意见，切实提供有利于人民群众的养老政策。

### 3.3 探索成熟的商业模式

想要实现智慧健康养老产业的快速发展，就要探索出适合当前的智慧健康养老市场的商业模式，建立合理的商业运行流程。当前

我国针对智慧健康养老产业的商业模式不够成熟的问题，主要的改进方式可以分为两个方面，分别是基于自身和基于外部环境的改进方案。对于自身而言，我国的政府在智慧健康养老行业中所投入的资金数额巨大，但是由于智慧健康养老行业是一个投资周期较长的行业，因此资金的投入不能马上实现利润的回流，因此针对这一问题，政府要加强推动社会上的智慧健康养老产业结构的改进，加快建设智慧健康养老产业的运行流程标准化。对于外部环境的原因，政府要积极地发挥自身的引导作用，积极地探索并宣传智慧健康养老模式的优势以及未来的发展潜能，改善外部的商业环境，促进智慧健康养老行业的商业模式转型。

## 4 结束语

综上所述，针对我国人口老龄化速度加快这一现实的社会问题，我们要以积极的心态去面对这个挑战，用辩证的眼光去看待问题，正确地认识到这不仅仅是一个挑战，更是一个机遇。在政府有关部门的积极领导之下，通过调整投资结构，加强信息沟通与数据共享以及探索成熟的商业模式等方式来推进智慧健康养老产业的发展，为老年人的生活提供更多的选择，减轻社会的压力；同时促进人民的生活水平以及幸福指数的提高，为建设社会主义现代化强国而贡献力量。

（发表于《城镇建设》2021年第12期）

**参考文献**

[1]孙子雯.有效供给视角下智慧健康养老产业发展问题分析[J].边疆经济与文化,2020(4):38-40.

[2]韦艳,李坤城,徐赟.整体性治理视角下的智慧健康养老产业发展碎片化与路径优化研究[J].新西部,2020(1):54-57.

# 城市规划篇

◆ 论乡镇道路市政化改造

◆ 论城市老旧小区改造问题

◆ 新时期产业园区规划设计探究

◆ 国际旅游岛综合性主题公园建设研究

◆ 城镇化背景下生态城市规划建设分析

◆ 大型公共建筑节能设计研究

◆ 对城市园林景观建设若干问题的探讨

◆ 城市园林绿化工程施工质量控制

◆ 民宿建筑中传统建筑元素的应用研究

◆ 论绿色低碳背景下的城市规划技术的应用

# 论乡镇道路市政化改造

随着我国经济发展速度不断提高，城市外围的乡镇正经历功能的转变，以前的郊区公路也发生了功能的调整，变成城市建设用地。在此背景下，完成乡镇道路市政化改造，对当地发展有着重要的意义。本文通过对东山镇墟道路建设项目的研究，提出乡镇道路市政化改造的技术方案。

## 1 案例分析

东山镇墟道路建设项目位于海口市秀英区东山镇琼东路和解放路。解放路长约 1096.39 米、宽 18 米，琼东路长约 1328.42 米、宽 16—24 米，按城市次干路标准建设。主要建设内容包括道路工程、给排水工程、交通工程、电力管沟工程、照明工程、绿化工程、通信通道工程及燃气井预留管位。概算总投资为 4179 万元。

## 2 乡镇道路市政化改造的原则

东山镇墟道路建设项目，秉承着乡镇道路市政化改造的基础原则。首先，道路是城市形象的体现，在市政道路设计过程中需要秉承尊重城市特色的原则进行改造。乡镇居民普遍希望道路是城市的标志性建筑，所以在乡镇道路市政化改造工作进行过程中，应避免损害城市原有的自然形象，满足乡镇居民的出行等基本交通需求，在推动乡镇建设基础上推动文化内容的发展。其次，市政道路最重要的是功能性，一般要求道路具有便捷性、实用性，从而能够有效

打造出适合居民生产生活、改善乡镇外观的交通系统。

## 3 乡镇道路市政化改造的具体措施

### 3.1 道路绿化的改造

东山镇墟道路建设项目需要增加绿化设计，对道路沿线进行绿地生态的建设，制定出合理的绿化改造方案，满足居民生产、生活、出行需求之余，改善乡镇环境。道路周边的景观需根据地方特色进行科学调整，建设功能性和观赏性齐备的城市交通系统。绿化环境树木的选择需要根据植物的生长特性和环境要求，从环境建设角度出发，提升道路美观程度，改善环境，提高城市居民生活的舒适程度。

### 3.2 排水系统的改造

排水系统改造方案主要是为了避免恶劣天气时的城市积水和内涝等问题，给居民的生活和出行带来不便。改造道路需要根据乡镇整体规划，因地制宜设计排水管道。在排水系统的设计中，降雨重现期是一个非常重要的参数，应提高区内的绿化程度，在符合排放标准的基础上采用最优的排水设计方案，以雨污分流体系为主。为应对恶劣天气，选用透水材料和城市绿地相结合，提升乡镇道路的排水能力。

### 3.3 道路横断面的改造

东山镇墟道路建设项目参照优秀城市规划设计，在合理范围内对道路横断面进行改造。主要工作内容是在机动车和人非系统之间设计隔离带。在建造过程中，应对横断面的尺寸进行准确测量，保证改造之后的道路和横断面能够完美契合；根据秀英区秀英街道老旧小区实际情况，详细了解道路的位置、交通量等重要信息，利用现有的路基宽进行改造设计。在机动车道和远景规划中，尽量避免

大面积的拆迁工程，对改造后的横断面进行性能测试和评估，保证道路质量能够满足居民生产、生活需求。

### 3.4 人行道的改造

根据城市总体规划，对原有道路情况进行分析，人行道是城市交通建设的重要一环，但是许多城市在交通建设过程中往往对人行道的重视程度不足。人行道常常宽度不足，外观设计千篇一律，而且实际应用过程中缺乏服务于残疾人、老年人的无障碍措施。城市交通需要重视对弱势群体的帮助，建设无障碍的环境，对无障碍设施的尺寸和质量严格要求，突出城市以人为本的建设理念。

### 3.5 路面结构改造

秀英区亮化工程位于海口市秀英区秀华路。该路存在着年久失修的情况，路面上有着各种裂缝、坑槽，在改造过程中需要根据道路的特性，对交通量进行合理预测，通过科学系统的方式进行详细计算。改造时可以将机动车道进行拼接，对原有路面进行处理。改造之前对路面进行科学的评价，是保证工程质量的关键步骤。应通过检测和分析的方式，参考秀英区秀英街道老旧小区街道情况对路面改造方案进行调整。在路面加宽设计中，对旧有公路的路肩和边沟进行拆除，采用挖台阶的方式进行路面拼接，保证旧有路面和拼接路面能够实现一致性。沥青加铺需要结合沾油层均匀喷洒，确定加铺后沥青层和原路面之间连接的可靠性。

### 4 结束语

道路市政化是许多乡镇须面对的问题，工作开展过程中往往会涉及大城市用地、交通、民生等内容，需要有关部门认真对待，完善上层设计和系统研究，优化工作落实，保证道路质量。

（发表于《基层建设》2020年第29期）

**参考文献**

[1]睢忠强,汪小庆,王凯,等.市政道路下穿对机场快轨U形槽变形的影响分析[J].铁道标准设计,2020(4):136-140.

[2]张鹏飞.浅谈市政道路"白改黑"改造施工技术[J].城市建设理论研究(电子版),2020(2):41.

[3]刘晓强,黎明.刍议市政道路现状分析及改进方法[J].中华建设,2020(2):54-55.

# 论城市老旧小区改造问题

我国的社会经济正在不断快速发展，广大人民群众的生活质量普遍提高，生活方式也有所改善，对身边的居住条件、城市化建设也提出较高的要求。随着时代的发展，一些城市的老旧小区已经跟不上社会发展的脚步，在一定程度上还会制约广大人民群众的生活质量，影响城市化的进程。因此，老旧小区改造刻不容缓。下文以海口市秀英区为例展开论述。

## 1 城市老旧小区改造背景

海口市 2019 年 10 个改造项目于 2020 年 4 月起已经全面开工，预计于 2020 年 12 月底完工；2020 年老旧小区改造项目共 122 个，至 2020 年 8 月 31 日已经全部开工，将于 2020 年 12 月底之前完工。例如，海口市秀英区秀英街道老旧小区 2020 年改造项目：建设地址位于海口市秀英区秀英街道，项目建设内容为对海南省水利水电建筑安装公司、粮所宿舍、海口边检总站民警宿舍区、海南食品公司宿舍、机关第四宿舍、一砖厂宿舍 6 个小区进行基础设施改造，其中包括土建工程、装饰装修工程、给排水工程、电气工程及安装和拆除工程等，项目概算总投资为 1856 万元。

## 2 城市老旧小区改造的阻碍

以海口市秀英区的嘉兴园小区为例，由于两个住户进行产权官司，小区无法达到业主 100% 同意改造。据有关调查，海口市秀英

区嘉兴园小区现在居住的业主大部分都是同意改造的，仅仅有两户因为购房时签订了购房合同，但是一直没有及时办理房产证，从而导致这两户的业主所居住房屋的产权证依然在原本的开发商手里，这两户业主也是同意改造的。目前，涉事业主正在进行维权官司，待产权争议处理完毕之后，小区改造项目将会继续推进。

提到小区的现状，有居民曾说："一下大雨，小区就会积水。"而且这个小区一共就2栋楼，每栋楼高8层，一共有48户，由于没有安装电梯，高层住户，尤其是老人和小孩上下楼非常不方便。由于年代比较久远，小区的一些基础设施都已经老化，很多住户的家里窗户上锈迹斑斑，有的墙体比较潮湿，且经常出现外墙角料脱落的现象，很容易威胁到人身安全。小区的地势比较低洼，和临近的海交路、海盛路相比，路面要低很多，基本上每次下大雨都会积水。

此外，一些老旧小区的垃圾场设置不合理，垃圾桶就在小区的大门边上，环卫工人每天在小区的大门口清理垃圾，导致小区整体卫生环境很差，有损老旧小区以及海口市的整体城市形象。

### 3 城市老旧小区改造的建议

2019—2020年，海口市秀英区坚持以人民为中心的发展理念，切实抓好民生保障，加快推进老旧小区的改造建设。在进行海口市秀英区的老旧小区改造过程中，要以广大居民群众的切身利益为基本出发点，通过改造老旧小区解决广大居民群众在生活中的难题，进一步提高广大居民群众的生活幸福感，改善广大居民群众的生活质量。

海口市秀英区的老旧小区改造是提升海口市城市精细化管理的重要内容，对此，有关部门一定要做好综合协调工作，明确好管辖区内城市老旧小区的改造项目数量、任务指标等，严格按照各项工作要求进行改造工作部署，从而形成良性的工作协调机制，确保海

口市秀英区的老旧小区改造工作能够取得良好的成效。

除此之外，还要积极拓展筹资渠道。在以政府财政资金投入为主的基础上，及时转变思维模式，建立投资、融资平台，扩展融资渠道。以政府投入为杠杆，撬动社会资本投资、居民出资参与的机制，从而形成多方合力的筹资方案。充分利用老旧小区现有的资源来吸引社会资金，建立"利益共享、风险承担、合作互惠"的关系，形成"政府出资支持、企业融资互惠、居民参与互利"的三赢局势，在一定程度上减轻政府的财政压力。

## 4 结束语

总的来说，城市老旧小区改造虽然存在大大小小的问题，但是在我国的社会经济发展过程中，还是占有比较重要的经济地位的。我国政府、有关建设机构在城市老旧小区改造过程中发挥着重要的功能、作用，通过利用政府的宏观调控手段，不断探索城市老旧小区改造的方案，积极找寻实施城市老旧小区改造的最佳路径，以此来进一步提升城市老旧小区的居民群众的生活质量、幸福指数，为全面推进城市化进程做出了巨大的努力。

（发表于《防护工程》2020年第29期）

**参考文献**

[1]李德智,谷甜甜,王艳青.基于 TPB-TSP-TSA 的老旧小区居民参与海绵化改造障碍及其突破:以江苏省镇江市为例[J].现代城市研究,2019(10):84-90.

[2]张春苗,周宪平,丛旭辉,等.PPP 模式下老旧小区改造项目绩效审计研究:基于项目可持续性视角[J].财会通讯:上,2018(13):91-94.

[3]龙润泽,鲁明军.三维激光扫描技术用于老旧小区改造中二维信息提取与平面制图[J].测绘通报,2020(9):130-134.

# 新时期产业园区规划设计探究

为了更好地适应新时代的发展变化，产业园区在规划设计上，应改变过去闭门造车的规范方法和流程，以一种更接地气的规划方式，从规模化转变为功能化，实现一种弹性、动态、分级的设计，为产业园区的健康发展发挥有效的促进作用。

## 1 以龙头企业为驱动，发挥资源优势

首先，延伸产业链，发挥资源优势。延伸产业链是指企业以市场扩张为基础，涉足新的领域并不断拓展原有的业务。产业选择前应对市场发展趋势充分把握和深入研究，既要结合市场需求，立足于自身的特色，对那些具有发展潜力的朝阳产业进行探索。同时，还要将资源开发领域拓宽，将目前已有的产业链条最大限度地拉长。

其次，为良性运转整个产业链，应以龙头企业为驱动，取得其他企业的配合。由于受制约于各种客观条件，很少有企业能够全产业链经营，必须组合不同企业，才能形成全产业链结构。不同企业在这种结构中，不单单能获取所需资源，同时还能促进自身核心竞争力的提高。所以，园区龙头企业应选择几个大企业作为配套服务机构，以此带动这个产业链的良性运作。

再次，节约供给成本，合理规划布局。规划产业园区，不单单要将产业链上各个环节的企业汇聚，同时还要将各个企业之间的内

在联系厘清。在规划布局上，应对不同产业环节的企业需求充分考虑，还要对相邻企业是否具有支撑与供给关系给予侧重。遵循动静分区的原则，统筹布局，从布局上将交通成本降低。另外，交通流线组织应设计网状结构，便捷而又方便，且满足对上下游产业链中各企业之间的服务与被服务互动关系的充分考虑。

最后，以市场为导向发展产业。开发和建设园区，要改变传统的由政府主导的发展模式，灵活改革机制、体制，打造、开发、运用管理的新模式，实现多方参与，合作共赢。

综上所述，产业园区的规划设计，需要对一些核心要素，如市场潜力、政策环境和资源条件等充分分析，选择园区主导产业，并深入研究主导产业上下游的产业，在园区内部形成产业链条，使园区具有完善的功能，园区产品的附加值进一步提高；另外，还要对产业链中的上下游关系进行协调，从多个方面研究和规划产业园区，如运营模式、用地布局和开发，业态策划、功能分区等，以此对园区的可持续发展提供保障。

## 2 产业定位，分级研究

首先，是产业定位。产业园区规划的首要任务，就是产业定位。产业定位需考虑以下几个方面的因素。一是国家和地区的发展战略，政府政策的指向。二是涵盖矿产、物产、自然地理、气候条件等在内的本地的资源条件，以及涵盖技术人才、地域特色、历史文化在内的人文资源。三是区域协同。以适合本地的产业环节为切入点，对新兴产业与自身的竞合关系充分考虑。在理性思维指导下，在短时间内促进产业园区的快速发展。

其次，分级研究，分期开发，合理规划。随着科技的发展和进步，提升了人类的认知能力，同时，营造了良好的招商环境，有利

于招商、吸引人才。优越的园区环境，是构建全产业链园区的关键。所以，在规划绿地系统和营造景观环境方面，应改变厂房单一的标准化建设方式，突破传统的园区建设模式。所设计的园区环境，应优美宜人，与企业发展需求相符，真正实现"筑巢引凤"的良好效果。

为此，需要重新定位各种休闲方式、工作方式和生活方式等。在园区规划中，人们很难预测基础设施配置、能源方式和产业类型，所以，必须通过弹性规划，不断调整产业园区的设计。具体而言，根据产业园区的尺度，分三个层次进行规划设计：宏观设计以整体战略定向为主；中观为确定框架，微观为详细规划。在宏观上要考量城市发展，同步考虑建城与兴业，对用地比例与布局初步确定，同时对合理的分期计划进行制定，对推进周期严格控制，适当留白，蓄养土地，将开发与自然保护的关系妥善处理好；在中观上要对几个主导产业类型进行确定，并对产业需求深入研究，对城市功能合理配置，制定产业导入和人口导入计划；在微观上要与招商规划相结合，对产业类型进行选定。立足于产业类型，对招商的可能性进行分析，并以此为基础，对功能、空间、业态的配置进行确定。

## 3 建园策略——兴业宜居

在产业园区的规划设计中，兴业与宜居是重要的组成部分。产业园区的发展，需要各种人才，而宜居的环境和设施，是产业园区发展的必要条件，因此建园策略应遵循产园融合的原则。

首先，要对合适的人口配比进行确定。构建和谐社会的稳定条件，就是合理配比人口中男性与女性。在导入人口时应对其比例充分考虑，避免因为园区男女比例失衡，而出现过去频发刑事案件的不争事实。

其次，开展园区建筑和生活服务设施同步建设。分期进行园区

开发时，还需要同步实施生活服务建筑和产业功能的配比。

再次，园区的交通要便利，路网的密度要合理，要有多样化的交通方式。特别是在使用大运量的公共交通工具时，在街区设计中应以人行尺度为导向。

最后，要构建优质的环境。在产业园区规划设计中，为构建宜人的景观环境，绿地密度与覆盖率要合理，与室外广场等人工开放空间相结合。场地要具备健身娱乐、交流会友和放松休息的功能，这样才能吸引更多优质人才落户。新时期，国内业界开始接受混合开发的概念，并在产业园区有机结合产业功能与居住、休闲、学习、娱乐等功能，为不同年龄、不同职业、不同文化背景的人提供便利。

## 4 结 语

在国家新型城镇化的背景下，产业园区在今后的开发建设中，在规划设计方面，不管是实施细则、项目设置、产业选择还是运营管理模式，都需要与全区的可持续发展要求和市场发展规律相符。

（发表于《工程管理前沿》2020年第5期）

**参考文献**

[1]张学智.工业园区智慧化建设思考[J].四川建筑,2019(1):206-207.

[2]吴晓晖,陈珧,张丽娟,等.智慧园区的架构设计[J].智能建筑,2019(2):64-66,70.

[3]刘培.打造智慧化科技园区的浅见[J].中国住宅设施,2017(8):48-49.

[4]董朝哲.高科技园区景观设计的企业文化表现研究[J].建材与装饰,2017(36):55-56.

# 国际旅游岛综合性主题公园建设研究

## ——以海南热带野生动植物园新区概念规划为例

## 1 引 言

海南是中国具有得天独厚资源的唯一热带海岛省份。《国务院关于推进海南国际旅游岛建设发展的若干意见》对海南的战略定位是：我国旅游业改革创新的试验区、世界一流的海岛休闲度假旅游目的地、全国生态文明建设示范区、国际经济合作和文化交流的重要平台、南海资源开发和服务基地、国家热带现代农业基地。先天资源优势成为建设国际旅游岛的最大资本，天时、地利、人和成就了海南建设国际旅游岛的伟大构想。因此，选择具有导向性、牵引性和辐射性的超大型旅游文化产业工程项目为突破口，建设高端精品景区景点带动海南国际旅游岛全方位系统开发将是最佳选择和当务之急。

## 2 国际旅游岛综合性主题公园构思的由来及意义

一元复始，万象更新。2010 年 1 月 4 日，《国务院关于推进海南国际旅游岛建设发展的若干意见》正式发布，海南国际旅游岛建设由地方决策上升为国家战略，这标志着继 1988 年建省办经济特区之后，海南发展史上又一新里程碑的诞生，它将给海南带来又一次重大发展机遇。

主题公园是典型的主题旅游项目，能创造出一批新的旅游产品。成功的综合性主题公园建设有利于合理配置区域资源，有利于提升区域核心竞争力，有利于形成全新的区域产业链条，有利于优化区域产业结构，有利于全面驱动区域经济社会综合发展，为本地区发展带来巨大的推动作用。若将综合性主题公园建设作为海南国际旅游岛建设 2010 年起步开局之年的重点工作全力推进，海南的综合性主题公园建设必将进入一个全新的时代，从而加快国际旅游岛建设的步伐。

## 3 打造高端的综合性主题公园——"共生大家园"

在国际旅游岛建设背景下，主题公园应定位为国内顶级、世界一流的主题公园，以"共生主义"体验为主题，以海南国际旅游岛建设战略地位提高为契机，在海口加快旅游业发展之时，打造一个人类、动物、植物与自然和谐共生的休闲旅游产业体系。其技术配置应坚持科技的现代化原则，增强技术与技术之间、技术与项目之间、项目与游客之间的互动性，充分利用高科技打造富有科技含量的游乐休闲空间。

### 3.1 "共生大家园"的概念

"共生"既是生物之间的一种互利关系，也是人与人之间以及人与自然之间相互依存、和谐统一的共存关系，是人类回归自然的理想。"大家园"是指民众对私人家庭范围以外的公共领域所给予的类似家庭性的精神认同，是一种公共的社会心理状态和行为习惯。在这种社会心态下，人们视公共领域事物如自己家，既在其中共享着权利和便利，也自觉地担负着相关责任和义务。

### 3.2 "共生大家园"的特点

（1）主题独特鲜明："共生"是综合性主题公园的命脉，具有

鲜明特色和独特个性的主题是"共生大家园"的灵魂，也是影响旅游者休闲娱乐取向的魅力之源。"共生大家园"有自己浓烈的主题特色，区别于同类旅游产品的独特形象。为了满足游客的多样化需求与选择，深入挖掘主题，创造独特主题，已成为综合性主题公园规划与发展的立足点。

（2）人与自然的和谐相处：在开发新区和活动项目的同时，保护植被、野生动物和生态环境，使人徜徉在空气清新的自然环境中。

（3）新与旧的统一：保留历史性的村落；转换具有当地乡村特色的村落，整修、改建村落民居，使之转换为旅游服务的农家大院、农家乐餐厅、农家旅馆、特色一条街等。

（4）乡村与城镇的共处：开发不同尺度的社区，在项目区所在的水系岸集中开发小规模、小尺度的动物庄园，保留的村落融为一体，塑造乡村感觉，与自然水域契合。

（5）传统文化与现代文明的交汇：结合中华民族历来怜悯生命的传统，把传统美德中的动物保护思想和现阶段动物保护实际相结合。

（6）发展与保护的统合：在发展旅游、开发新城镇的同时进行环境生态保护、村落保护、文化保护和乡土风情保护。

（7）文化的兼收并蓄：在项目的复合型开发上，强调多种体验，如城市文化、乡村文化、生态文化、娱乐文化和传统文化等。

**4 在国际旅游岛的发展中推动综合性主题公园的建设**

**4.1 海南热带野生动植物园新区转型升级是我省旅游业持续发展的一大动力**

近几年来，海南旅游产业发展形势一片大好，发展一些独具特色的主题公园已经成为我省发展现代旅游产业的一种必然选择，是建设国际旅游岛的重大课题，也是我省旅游业能持续发展的一大动

力，能有效地带动国际旅游岛全方位系统开发。但是，海南岛旅游产业长期以来一直呈现出三亚一家独大的发展格局，海口作为省会城市，缺乏有强大吸引力的景区，游客到海口只是过站，导致海口接待游客人数不低、旅游消费却不高的巨大反差。因此，要想抓住国际旅游岛带给海南第二次腾飞的机遇，海口必须整合现有资源、提升景区品质、打造龙头景区。在众多备选项目中，海南热带野生动植物园资源独特，即将搬迁的新址交通区位优良，加之企业十几年的坚守积攒了丰富的管理经验，可真正担负起海口旅游龙头老大的角色。因此，海南热带野生动植物园新区转型升级产品创新的规划理念应运而生。

### 4.2 环保、健康、低碳将成为国际旅游岛建设的重中之重

哥本哈根会议让人们越来越重视发展低碳经济。海南有发展低碳经济的条件和优势，而得天独厚的生态环境是长远发展最可靠的资本，大力发展低碳经济将成为海南今后一个时期的努力方向和重心。在国际旅游岛建设的大背景下，海南将更加注重生态和环保。在未来，环保、健康、低碳将成为海南国际旅游岛的主要标志。低碳经济无疑将会走进人们的生活。发展低碳经济具有重要的时代意义，对地方生态文明建设将起到积极作用，也进一步为海南国际旅游岛建设添砖加瓦。目前，海口、三亚和博鳌旅游资源较为丰富的城市有条件在海南率先发展低碳经济，建设低碳综合性主题公园，倡导低碳生活和旅游。

### 4.3 "共生大家园"开发是海南建设国际旅游岛的一大突破口

海南作为国内外知名的旅游胜地，旅游产业发展成效显著，但具有特色和鲜明主题的旅游项目发展相对滞后。针对海南极佳的资源条件和独特的区位优势，在海南国际旅游岛建设的契机下，建设

一批具有自身特色的主题公园将成为海南建设国际旅游岛的一大突破口。海南热带野生动植物园新区转型升级产品"共生大家园"既是一个旅游开发项目，又是一个城镇建设项目；既是一个具有直接的旅游经济效益的项目，又是一个具有广泛深远的政治、社会、文化、生态、科技效益的项目。

**4.4 打造大规模、高品位、高标准的"共生主义"综合性主题公园**

建设国际旅游岛要求打造大规模、高品位、高标准的综合性主题公园。面对海南国际旅游岛已经上升为国家战略的新形势，加快旅游业转型升级的意义重大。应以海南热带野生动植物资源为依托，以海口城市圈休闲旅游市场为基础，实现人类、动物、植物和谐共生，居民、旅游者、开发经营者和谐共进，新业态旅游产业、新型旅游境区、特色经济乡镇和谐共荣，打造以"共生主义"为特色的国家级 5A 旅游景区、热带海岛动植物王国大型主题公园、中国首家夜行动物世界等综合性主题公园，填补国内空白。

*4.4.1 打造"动物小城镇，共生大家园"*

通过拉动内需加快小城镇再建设为突破口，整合海口美兰区演丰镇特色经济，构建人类、动物、植物与自然共生的休闲旅游产业体系，创新中国野生动植物园在新时期的新模式，打造一个 5A 级特色动物主题公园和中国小城镇科学发展示范镇——中国首家动物小城镇。以"动物""小城镇""共生""大家园"的概念来整合海南热带野生动植物园的形象定位，对旅客有很大的吸引力，使以"动物小城镇，共生大家园"为核心的产品具有很大的开发潜力，有助于形成由目前热带野生动植物园单一的观光型旅游产品逐步过渡到集观光、休闲、度假、体验、科研、教育、会展等为一体的复合型旅

游产品。

### 4.4.2 三位一体

"共生大家园"的打造注重三大要素——环境、动物、人，使三者联成一个紧密不可分的有机整体，旨在打造一种人、动物与自然和谐相处的大环境。三位一体的模式给小动物提供了一个舒适宽敞且相对自由的生活空间，不会过度侵入动物的生存领域，以保障它们的自由生活。

### 4.4.3 自然环境——三园合一

景区实现了野生动物园、热带植物园和热带花园的三园后一，古木参天，藤蔓交织，奇花异草，蝶飞莺啼，曲径清幽，湖光绿海，秋水长天，使得小镇生态环境既能满足自我"造血"的功能，又能起到筑巢引凤的作用，吸引更多的鸟类来此安家落户，形成一派自然和谐、万物昭苏的热带雨林生态景观。

### 4.4.4 营造独特的小镇氛围

"共生大家园"除完善热带生态环境、提高硬件设施条件外，还要从软件上提高游客在这里的安全感、舒适感和归属感。规划合理的小镇空间结构和建筑形态，使观光景区、休闲景区、商业区融合在一起。"共生大家园"不是一个简单封闭的度假村或者动物园，而是一个有血有肉有经络、开放式的功能组织。除了布局各种休闲娱乐度假设施外，还有诊所、药房、邮局、银行和超市可同时为游客和周边村民提供服务。总之，"共生大家园"真正实现让每位游客、工作人员和动物都有家的感觉。

### 4.4.5 构建循环经济、绿色经济为特色的"低碳绿谷"

"共生大家园"紧跟时代需求及国际化建设的要求，采用节能减排技术，使用绿色环保建筑材料，大力推广低碳生活方式，为游客构建一个以循环经济、绿色经济为特色的"低碳绿谷"。

## 5 "共生性"主题公园的效益

建设国际旅游岛要求打造大规模、高品位、高标准的综合性主题公园。面对海南国际旅游岛已经上升为国家战略的新形势,加快旅游业转型升级的意义极其重大。而共生性主题公园的良性发展将会带来高效益,这种高效益是经济效益、环境效益、社会效益的高度融合,主要体现在以下几个方面。

### 5.1 促进区域经济发展

"共生大家园"和其他的旅游企业一样,通过其外溢贡献促进地方经济的发展,在大区域范围内对创造就业、刺激消费、促进经济发展等方面有显著的作用,交通运输业和酒店业收益显著增加,邻近的土地也会迅速升值。

### 5.2 营造绿色大环境

"共生大家园"属于绿色事业,它拥有包容大面积绿地和造就高素质生态环境的能力。为了成为旅游者的旅游、休闲、娱乐中心,综合性主题公园十分重视环保工作,为营造更美好的生态环境付出巨大的努力。在生境上,实现热带动物园、植物园、花园三园合一;在情境上,实现观光景区、休闲社区、特色度假区三区合一;在意境上,实现关爱自己、关爱家人、关爱他人、关爱社会、关爱自然、关爱未来六爱合一。

### 5.3 构筑人与自然和谐

"共生大家园"是遵从人类审美规律,运用文化、美学、高科技等手段构筑一个接近理想化的世界。自然是人类最重要的东西,人与自然和谐相处是经济社会发展到一定程度、一定阶段的必由之路,是人类总结经验教训后的必然选择,以人与动物和谐相处为特色,把观赏性、文化性、参与性、教育性和休闲性结合为一体,在国内具有独创性,具备提升野生动植物园总体吸引力、延长旅客旅

程、增加旅游总收入的功能。

## 6 结　语

为适应海南国际旅游岛的新形势，进一步完善海南国际化旅游战略，海南热带野生动植物园新景区项目建设得到省、市旅委组织协调相关部门的大力支持。为加快推进海南热带野生动植物园迁新址，重建一个 5A 级、高档次的、世界一流的大型热带生态野生动植物园新景区，社会各界人员和海南动植物园人都付出了艰辛的努力。特别感谢海南省旅游发展委员会陈耀巡视员，北京交通大学经济管理学院旅游管理系教授、北京交通大学旅游发展与规划研究中心主任、北京大衍致用旅游规划设计院院长、中国知名旅游规划专家王衍用教授在新区概念规划中的颠覆性观点及精彩点评。

我们深知项目面临困难之巨大，存在问题之复杂，我们也坚信野生动植物是人类生存环境的重要组成部分。我们情愿如此，为回应海南国际旅游岛的主旋律，为人类在地球村的繁衍、生息，维系着人与自然共生、共进、共荣的伟大事业付出努力。

（发表于《中国科技纵横》2010 年第9期）

# 城镇化背景下生态城市规划建设分析

随着城镇化进程的不断加快，我国面临着更加严峻的生态危机。传统的城市规划主要是布局基础设施和合理运用区域，对生态环境的重要性没有过多的考虑，而生态城市规划则更重视保护生态环境。建设生态城市已经成为城市规划设计的必然选择。现阶段，在生态城市建设中，还有很多问题存在，对城市规划的进程产生了一定程度的影响。本文通过探讨现阶段生态城市规划中存在的问题，给出了相应的对策。

## 1 现阶段生态城市规划建设存在的问题

### 1.1 生态城市规划建设理念匮乏

传统城市规划建设理念只注重是否有合理的空间安排，高楼是否能满足人们的居住条件，而对于环境建设等其他问题，却没有给予足够的重视。现阶段生态城市规划建设理念依旧匮乏，有些住宅区垃圾随处摆放，生活垃圾也没能进行有效的分类，不仅对人们居住的环境造成破坏，还严重影响了人们的生活质量。

### 1.2 没有科学使用能源

传统城市建设对于经济效益更加重视，导致越来越严重的环境污染问题。随意排放工厂污水浊气，随意摆放生活垃圾，水资源富营养化等问题对人们的机体健康形成严重威胁。

### 1.3 缺乏合理的土地规划

城镇化进程的加快，使得农村人口不断迁入城市，城市人口数量大幅增加，出现住房紧张等问题，对于城市后续的发展非常不利，严重破坏了自然环境。

## 2 生态城市规划建设的原则

### 2.1 理性发展原则

实现城市的可持续发展，是生态城市规划的宗旨。过去为了建设城市，人们做出了很多不理智的行为，如乱砍滥伐、填海造楼，而这些行为，阻碍了城市建设的可持续发展。所以，规划生态城市必须遵循理性发展的原则，要在社会可承受的范围内，在保持生态的前提下，理性和适度地发展生态城市。

### 2.2 以人为本原则

改善人们的生活质量，对城市居民的基本需求给予最大化的满足，是生态城市规划的最终目的。但在建设生态城市过程中，应遵循以人为本的思想理念，将人与自然之间的关系处理好，彻底摒弃过去以掠夺与征用为主的极端主义思想，在人与自然和谐发展的基础上，实现利益的发展。

### 2.3 能力建设原则

能力建设原则具体是指在一定的能力范围内，构建完善的保障系统，以科技、观念以及体制等作为支持建设的基础，不断变革人们的思想观念。在推进技术进步的同时，完善生态城市规划，可为促进城市可持续发展提供支撑和保障。

## 3 城镇化背景下生态城市规划建设思路

### 3.1 树立生态城市规划建设理念

在生态城市规划建设过程中，非常关键的一点，就是坚持可持

续发展道路，树立生态城市规划建设理念。生态建设的主体对象，就是广大人民群众。因此，政府要加大宣传力度，使生态城市建设理念深入人心。生态城市的建设需要人人参与。政府要将生态城市的知识向人民群众普及，提高全民对生态环保的积极性，引导人们从日常做起，对生态城市的建设发挥有效的推动作用。

### 3.2 分析生态承载力

城市的发展环境是一个大系统，其价值主要体现在为人类活动提供所需要的资源。而城市又往往有着相对有限的空间和面积，资源有一定的局限性。所以，必须在评估生态承载力的基础上开展城市规划设计，在一定的生态承载力范围内开展人类活动。例如，如果这个城市缺乏水资源，那么就会限制其产业的发展，所能承载的人口数量也会有一定的局限性。若是一个城市有着丰富的旅游资源，它的环境则具有非常有限的承载能力。倘若一个旅游城市有过于密集的旅游人口，就会诱发各种社会矛盾、经济纠纷和环境问题，甚至对这个城市旅游业的可持续发展产生阻碍。所以，分析城市的生态承载力，是开展生态城市规划建设的前提。

### 3.3 建构政社互动的城市规划体制

自上而下的规划体制，是传统的城市规划设计所采纳的。政府部门在压力达标型体制下，更多是对自身利益的考虑，对于城市规划中生态的重要性没有给予高度的重视。这种政府单向度规划的弊端，主要表现在忽视了城市居民特别渴求的生态宜居诉求。而建构政社互动的城市规划体制，体现了民主政治，增强了政府和居民的互动。政社互动的城市规划体制，要求社会公众广泛参与涉及城市居民利益的具体事宜，如合理布局工业园区的空间、排放废弃物、城中村改造等具体的城市规划实践。所以，为了促进公众参与生态

城市规划的能力和意愿的进一步提升，政府在生态城市规划建设中，要认真倾听百姓的诉求。

政府应通过加强对城市居民的教育，普及知识，使居民对自身的权利更加明确；在法制建设中纳入生态补偿；在各项城市建设活动中，通过社会契约，使广大市民能更好地维护自身的利益。

### 3.4 科学制定城市发展战略

随着生态城市规划理念的深入人心，传统的粗放型城市发展模式暴露出越来越多的弊端，因此，探索城市的转型之路，是目前亟待解决的重要课题。而城市发展转型的必然选择，就是用生态的理念进行城市的规划建设。通过优化城市工业结构，可实现城市节能减排。为此，应遵循分类指导的思想，对于拥有优质生态资源的城市，可通过产业结构的优化升级，促进城市可持续发展能力的进一步增强。

### 4 结　论

随着社会经济迅猛发展，政府越来越重视生态环境建设，并在生态环境保护的计划中纳入城市规划。在城镇化背景下，在环境保护与节能减排等生态保护理念下，开展生态城市规划建设是未来城市规划发展的必然方向，能保障城市经济活动和城市建设顺利开展。

（发表于《基层建设》2020年第1期）

**参考文献**

[1]李书山.基于"城市双修"理念下的生态地区城市设计分析[J].居业,2019(7):31-32.

[2]王赞璞.关于生态城市规划设计的若干问题思考[J].现代物业

（中旬刊）,2018(12):179.

[3]王景景.关于我国城市建设与生态城市规划设计的探讨[J].智能城市,2018(18):63-64.

[4]李颜."城市双修"理念下的生态地区城市设计策略[J].建材与装饰,2018(28):106-107.

[5]沈常红."城市双修"理念下的生态地区城市设计策略[J].城市建设理论研究（电子版）,2017(35):40-42.

# 大型公共建筑节能设计研究

## 1 大型公共建筑能耗特征

（1）规模较大的公共建筑的用能结构存在一定的特殊性，跟普通居住建筑存在明显差异，重点在于这类建筑的能耗一般是空调装置、照明等多元化的设备共同形成，相关设施的规模、年均能耗、区域特点、节能模式都呈现出各自的特征，若实施统一的能耗评估，最终的结论容易产生误差，所以要依次评估。

（2）这类公共建筑在功能设置上也具有多样性，主要涉及办公和酒店等各种类型，且具体的设备能耗情况也有各自的特殊性，单一的节能措施难以起到实际效果。

（3）各城市气候等因素存在不同的特点，这也对能耗产生了一定影响。

## 2 影响大型公共建筑节能效果的主要因素

### 2.1 建筑设计方案

建筑设计方案与建筑内部结构、外部构造等因素存在密切的联系。若设计方案具有明显的局限性，将在很大程度上限制公共建筑的综合性能。普遍而言，设计方案的内容具有一定的全面性，且广泛涉及建筑朝向、外部构造等多种因素。朝向、结构等与能耗存在密切的联系，如使用不同的幕墙，去虚热跟散热功能也会产生不同的结果，并综合反映在建筑的能耗中。并且，室内的绿化情况跟建

筑的温度调节功能具有显著的相关性，同时在周围的生态环境上也会发挥其作用。

## 2.2 内部空间设计

内部空间设计是建筑设计环节中重要的一环，能够在建筑使用功能上发挥特定的作用，是研究节能环保性能的过程中必须要考虑的一环。在目前的城市建筑群里，具有一定规模的公共建筑内部空间存在明显的复杂性，直接影响建筑的人流量、空气质量，同时跟内部温度变化存在密切的联系。基于此，在建筑交通组织设计中，达到一定规模的公共建筑，非常重视通风功能，通常利用室内绿化来降低能耗。功能的设置也跟建筑能耗存在密切的联系。就使用环节而言，功能区的设置存在差异，其能耗规模也明显不同；部分用电需求庞大的功能区，在实际使用环节的能耗也更突出。

## 2.3 建筑材料

使用合理的建筑材料，有利于保证节能效果。随着国内环保事业的持续进行以及科技水平的提升，市场上涌现了各式各样的节能环保材料，而各类材料的使用效果也不相同。在公共建筑中，能源类型对节能环保性能起决定性作用。从这类建筑的使用环节来看，过去一直使用的传统能源存在明显的局限性，其能耗跟污染程度都更为严重。对比之下，目前的新能源在发热量以及清洁性上，体现出明显的优势，有利于实现用能跟环境保护的相互平衡。

## 3 大型公共建筑的节能设计

### 3.1 墙体节能设计

在建筑中，围护结构具有重要作用，其热工性能会明显作用于建筑供暖、空调装置的能耗。在围护结构里，外墙的面积比例较高，通常能够占据普通建筑一半的面积，借助外墙可以实现25%的传热功能，所以节能外墙的使用能有效提高节能效果。科学的材质跟结

构能够有效提升外墙的节能效果，而外墙的保温模式根据保温层的具体情况也存在一定差异，首先是自保温和外保温两类，其次还有内保温和夹芯保温。

普遍而言，建筑保温性能要考虑保温材料的选择和保温层的设计是否科学。基于此，在开展节能建筑设计的过程中，必须要综合以上两种因素进行全方位研究，例如在选材上优先利用隔热能力突出、保温效果好的材料，这有利于控制外围结构的能耗。我国土地面积广阔，具有明显的南北方地理区位差异，基于此，南方跟北方在选材上也存在明显的区别。由于北方的温度较低，所以在保温性能上要求较高，一般更加适合适用于挤塑板等材料；而南方的温度相对更高，所以通常使用聚苯颗粒等材料。

### 3.2 屋面的保温节能设计

一般从传统建筑的角度来看，即便选择了合适的能源，在使用环节仍然会由于窗户等区域丧失部分能源，从而提高了能源损耗。另外，即便运用围护结构，还是无法避免墙体的影响。基于此，屋面保温的优势就更加明显，该技术更加智能，其能源利用率更高。屋面的保温节能设计主要通过降低结构主体温差的方式，进一步控制温度，保障室温稳定，强化隔热能力，降低建筑总体能耗。

### 3.4 照明系统的节能设计

通常来讲，智能化照明装置属于非常重要的电气设施，同样也属于关键的能耗装置，所以要注重在其中发挥节能技术的积极作用。智能化装置能够通过系统来提前设置好不同的操作指令，自动转化时间，实现自动照明；能够凭借开关实现照明面积的科学管理，妥善处理施工场景变化下的各种需求；还能够凭借可视化控制的功能，在智能控制下实现高效的节能。

（发表于《中国房地产业》2020年第7期）

**参考文献**

[1]毕向群.论如何加强与规范建筑智能化工程质量的管理[J].中国房地产业,2016(11):78-79.

[2]米翔.民用建筑项目智能化设计节能降耗措施[J].城市建设,2015(32):44-46.

[3]刘亚鹏.探讨智能建筑的节能措施[J].智能建筑电气技术,2015(5):36-37.

[4]王丽颖,牛雪柔,周广忻.严寒地区公共建筑节能65%关键技术研究[J].长春工程学院学报(自然科学版),2016(3):51-54.

# 对城市园林景观建设若干问题的探讨

## 1 引　言

近年来，城市园林景观规划事业突飞猛进，园林景观建设已成为我国当代社会生活和城市建设中新的文化现象。城市园林景观建设虽在满足人们社会休闲活动的需要、视觉享受以及提高城市环境质量方面取得了一些成就，但由于在城市文化建设的认知度、园林功能的定位、环境的规划与设计、经济基础和管理制度等方面仍然存在诸多不足，导致城市空间环境建设滞后。本文结合我国城市园林景观建设中存在的一些实际问题，提出相应了的措施和建议，力求进一步提高园林工程质量，创建精品工程。

## 2 我国城市园林景观建设中存在的问题

随着生活品质的提高，人们对城市绿化空间的建设也有了更高的要求，城市园林景观作为城市公共绿地的一种形式存在于城市之中是必要的，这是美化城市空间、增加城市绿地的重要手段，也是城市文化的某种象征。但是，在建设园林景观"潮流"中也存在着一些不容忽视的问题。

### 2.1 景致布局不够新颖，表现形式单一

景观表现形式守旧，雷同点较多。纵观我国城市大大小小的园林景观，多以喷泉、绿地、雕塑几个建筑元素进行堆砌，形成千篇

一律的模式，缺少新颖的特色。

## 2.2 功能定位上缺乏"以人为本"的设计理念

在功能定位和设计上应该充分考虑到园林是供人们参与社会休闲活动的场所。现有的园林，在体现"以人为本"的社会参与性方面规划得不够。

## 2.3 缺乏因地制宜的规划设计

在城市园林景观建设中，比排场、讲规模，抛弃原有的绿地，一律建绿化空间的做法是不可取的，这不仅没有充分地利用原有的资源，而且也白白浪费了人力、物力和财力。

## 3 对我国城市园林景观建设提出的建议

针对上述我国城市园林景观建设中普遍存在的不足，结合笔者多年从事园林景观建设工作的一些经验，提出以下建议。

## 3.1 在整体布局和表现形式方面

园林在整体布局上除了作为文化与休闲场地外，还可充分利用水系作为园林景观修饰手段，将园内各个绿色板块联系起来，使以水流为主体的自然生态畅通连续，在景观上形成以水系为主体的绿色生态网络。在设计的同时，应充分考虑上述理想的连续景观格局的形成。一方面，开敞水体空间，慎明渠转暗，使市民充分体验到"水"这一自然元素，达到"亲水"的目的；另一方面，也可将园林提高环境质量的功能发挥得淋漓尽致。

## 3.2 在功能定位和设计理念方面

城市园林景观是供人们进行交往、观赏、娱乐、休憩等活动的重要城市公共空间。在园林景观空间环境建设中，应贯彻"以人为本"的人文原则，将园林景观设计得舒适、自然。在城市绿化广场的规划设计中，应从多个层面去进行规划，以满足不同年龄层次、

不同文化层次、不同职业的市民对广场空间的需要，为人们提供多样化的文化活动场所，赋予其更多的活力。

### 3.3 在城市文化的认知方面

城市是人类文明的结晶，每一个城市所走过的历史都是不尽相同的。在城市园林景观建设中，地方特色的保护、历史文脉的继承是非常重要的。一个有地方特色的园林景观也往往被市民和外来者看作具有象征意义的标志建筑群，会使人产生一种归属感。在整个园林景观设计中都应根据城市的特点来实现该城市的文化特色，使人能从景观中感触到浓厚的文化氛围。

### 3.4 在环境的规划与设计方面

（1）城市园林景观规划应注意人体尺度，使环境空间亲切舒适。而我国的一些城市园林规划尺度过大，对人有排斥性，应倡导一些温馨和谐的气氛，多一些情趣；应根据所在位置，从周围整体环境出发，确定不同的空间环境组合，而不是一味求大。在园林内可以适当设置一些小型休息场所，布置一些树木、草坪、喷泉、雕塑和休息座椅等。此外，城市园林的造景元素应是多种多样的，不应拘于一种形式。人们在这里除了散步、休闲娱乐外，还可以进行社会交往、文化交流，使人们在环境中得到多重的物质享受、精神享受。

（2）应充分利用原有的资源（如花草、树木、石头等），再添加一些其他元素，因地制宜地设置城市园林景观，这样不仅能合理利用土地资源，而且能够结合环境、美化城市空间，创造出独具特色的园林景观。

### 3.5 在经济基础和管理制度方面

城市园林景观规划的好坏在于它是否产生好的环境效应和是否

满足社会需求，而不是在于其规模大小、华丽与否。在建设城市园林空间的大潮中，各城市不应一哄而上，比规模、讲大小，而应从多方考虑，并根据自身的经济承受能力，因地制宜、因财制宜地建设，为市民办实事、办好事。

在城市园林的管理上，应进行广泛的社会宣传，让市民意识到城市园林景观是与每一位市民生活息息相关的，让市民参与城市园林景观的管理，使他们真正关心、真正热爱属于大家的公共休闲空间，从而提高城市园林的安全度、舒适感以及各种环境设施的使用寿命，满足人们的活动需求。此外，还要通过各种媒介经常向市民介绍有关园林景观建设的新成绩以及发展方向，力求塑造一个良好的城市园林环境。

## 4 其他相关问题及解决措施

### 4.1 技术人员配备不足

由于近几年来新成立的园林公司众多，而园林行业的从业人员特别是有工作经验的专业技术人员数量有限，这就形成了供不应求的局面。而在园林工程建设中，若缺少有实际工作经验的专业技术人员的参与，则不可能创建出精品园林工程。

因此，我们应当从老的园林公司或大专院校、科研院所聘请他们的骨干技术人员，再从大专院校招聘大学生，以老带新，形成一个技术团队，这也成了很多园林公司的做法。不管是高薪聘请的骨干技术人员，还是新毕业的大学生，关键是一定要给他们提供施展才华的"舞台"，以充分展示他们的聪明才智，还要在薪酬上尽量满足每个人的要求，使技术人员以饱满的热情投入到工作中，而不是让他们整天琢磨着如何跳槽。

### 4.2 缺乏完善的施工组织设计

施工组织设计是园林工程建设的重要技术文件，是施工单位在施工前期关于该工程应投入的人力、物力、财力以及需要占用的时间的合理计划和组织，是该工程实施的纲领性内容。很多园林公司只是在工程投标时，从网上下载施工组织设计或将以前工程的施工组织设计进行简单修改，从而形成新的施工组织设计。没有一个完善的施工组织设计就匆忙开工，对工程建设是非常不利的。

因此，我们需要编制完善的施工组织设计。首先，应有明确的针对性，应针对某一工程特定的立地条件、植物种类、种植时间而编制，这样才能有效地指导、监督该园林工程的施工并保证工程质量和进度。其次，应全面覆盖工程的全部过程，保证内容的完整性。最后，要具有可操作性，力求量化，避免模糊的标准，不说大话和空话。

### 4.3 忽视施工质量和管理水平

很多园林工程由于工期紧、项目多，施工人员疲于应付，从而导致对施工质量和管理水平不够重视。对此，我们应当采取以下几点措施。

（1）大力推行设计和质量现场交底制度：通过图纸会审、现场调整，使一线的施工人员理解设计意图，了解施工各工序的技术、工艺和验收要求。

（2）落实试验机制：在关键部位、细致部分大面积施工前，有必要先行试验，做出样板，征求各方面意见和建议后，再大面积施工。

（3）实行预验收制度：施工过程中，对半成品、乔灌木进行货源地预验收，增强业主信心，减少现场验收程序，确保施工进度。

工程交业主验收前，项目部、公司质检部门先按标准进行预验收。

（4）强化施工管理措施：建立目标管理网络，加强施工过程控制，对施工全过程进行目标分解管理，确保质量目标的实现。紧紧抓住影响景观效果的关键控制点，实行目标管理。在每个分部、每道工序施工详细交底下达前指定质量目标，不达到目标不允许进行下道工序的施工。

（5）合理控制施工项目成本：在工程施工中，应推行有效的管理，控制和降低施工成本。提高工程质量不是依靠盲目的多投资或少花钱，而是要进行科学合理的成本控制。

## 5 结束语

城市园林景观建设是绿色城市建设的重心之一，它的发展需要各个行业的共同努力和支持，并将随着时代和社会的进步日益完善。未来的园林景观绿化事业只要在人文、文化、生态、社会特色这几个方面做好文章，就会随着时代的发展不断迈上新的台阶，而城市绿化格局也将得到进一步的发展。

（发表于《沿海企业与科技》2009年第8期）

**参考文献**

[1]许正原.论园林生态艺术设计[J].科技信息,2006(6):213.

[2]余树勋.园林美与园林艺术[M].北京:中国建筑工业出版社,2006.

[3]刘培文.市政工程资料集四:景观绿化[M].北京:中国计划出版社,2006.

# 城市园林绿化工程施工质量控制

## 1 引　言

城市园林绿化是在中国传统园林和现代园林的基础上，紧密结合城市发展，适应城市需要，顺应当代人的需要，以整个城市辖区为载体，以实现整个城市辖区的园林化和建设国家园林城市为目的的一种新型园林。它的总体目标是"空气清新，环境优美，生态良好，人居和谐"。它是一个为人们提供良好的休息、文化娱乐、满足人们回归自然愿望的场所，是保护生态环境、改善城市生活环境的重要措施。它是通过工程技术来表现园林，使地面上的工程构筑物和园林景观融为一体。笔者就园林工程施工前期准备、施工方案设计、质量控制措施等几个方面进行探讨。

## 2 城市园林绿化工程施工前期准备工作

### 2.1 立项和进场准备

#### 2.1.1 工程正式立项

在园林绿化工程施工前期，我们首先要对园林绿地建设进行一般程序和主要工作内容的详细规划。在实施每一项城市公共园林工程前，都应根据城市建设的发展和环境建设的需要，并经过多方面的研究和论证，证明该项目确有必要建设，并且已经具备了基本建设条件，能够修建成功。然后，制定工程项目建设计划，经上级领导部门和城市有关主管部门审查批准，确立工程项目。

### 2.1.2 施工队进场前的准备工作

为了把工程做好，在施工队伍进场之前，要做好一些准备工作：配备现场项目经理等管理人员；核查施工队伍的培训情况；完成主要材料的采购；落实管理人员和施工人员的办公用房及生活用房等。

## 2.2 确定工程方案

工程方案的确定是标书的核心内容，它体现了施工企业的施工技术水平及管理能力。(1)要制定出工程的施工流程，施工流程的安排要科学、合理、可操作性强。(2)根据施工流程，制定出详细的施工操作方案，进一步阐述各道程序应掌握的技术要点和注意事项，且所表述的内容一定要有针对性，要充分考虑周围环境的立地条件和气候特点。(3)不能忽略养护期的管理。

## 2.3 制定施工进度计划

施工进度计划通常是以表格的形式加以表达，在表中要具体列出每项内容所需施工的时间，哪些内容的施工可同时进行或交叉进行。如果没有特殊情况，那么该表所列的时间也就是完成整个工程所需的时间。制作该表时，既要注意听取投资方的意见，也要考虑到客观的施工条件以及实际的工程量，切不可违背科学和客观可能而盲目制定。

## 2.4 配备人员、物资

根据工程各分项内容的需要，科学地安排劳动力和工具设备。配备劳动力时还要注意技能的搭配。工具设备不仅要准备充分，还要检查其完好性及运行状况。只有如此才能保质保量，如期实现向投资方所做出的工期承诺。

## 2.5 制定质量保证措施

质量保证措施主要是强调如何从技术和管理两方面来保证工程的质量，通常应包括现场技术管理人员的配备、实施网络管理、做好设计交底、保证按图施工、建立质量检查和验收制度等。

## 3 施工方案的设计

### 3.1 施工流程

清理场地—平整场地—放线定点—挖种植穴和施基肥—确定苗木规格及运输苗木—苗木种植及浇灌—苗木养护—施工后的清理。

### 3.2 根据地形设计合理的方案

设计方案前，首先要做检测，分析土质是否符合种植条件，确定是否需要更换种植土；再勘察地表以下1米左右的土层结构，如有建筑残基，需确定可行的清除方案，进行彻底清除。

建造地形是为了解决园林绿化中的平面呆板、单调、缺乏艺术性的问题，使园林景观更富于变化。一方面要依据设计要求进行规划，另一方面要依据视觉效果不断调整修改，从各个角度不断对比，依据自然地势进行再创造。由于建设工程中土方的进出需动用大笔的施工费用，因此土方量一定要测算准确，尽量减少误差，降低施工成本。一般做地形所使用的土方将平均下沉5—19厘米，且通过2年左右的时间方可沉实，因此在施工中要考虑到整体与长远的实际效果。

### 3.3 植物的配置

（1）植物的层次结构宜采用乔、灌、草相结合，以乔木为主。乔木的栽植密度不宜过大，株距一般为5—7米，为林下的灌木、花草留出生长空间，同时要注意植物喜阴或喜阳的特性，在光照不足的地方，尽量选用耐阴的树种。耐阴的灌木品种有珍珠梅、金根木、

接骨木等。

(2) 植于西侧的植物要选择一些不怕风吹的品种，因为冬季常刮西北风，若新栽的植物发生倒伏和抽条，则会使植物受到伤害，影响成活率。

(3) 植物的配置要坚持"适地适树"的原则，同时还要体现植物品种的多样性和明显的季节性，避免单调和雷同，以达到春季繁花似锦、夏季绿树成荫、秋季红叶满目、冬季苍翠迷人的效果，做到四季风光各异，使游人能充分感受到大自然的无限生机和气象万千。

### 3.4 工期安排

合同约定的工期安排，可分步骤列表完成。

(1) 建议较大的工程可将种植施工细分为：落叶乔灌木种植、常绿乔灌木种植、花卉草坪种植以及不宜在种植施工期间完成的植物等几个部分。由于每种植物适宜种植时间各不相同，有的植物在合同规定的种植施工工期内不适宜种植。如果未在施工进度计划中单列出该不宜种植植物的计划种植施工时间范围，会给施工单位留下违约隐患。

(2) 注意在养护期中明确冬季暂停养护的起、止时间。

(3) 苗木进场计划时间表按合同中的苗木表编制。注意不能忽略预期需补植苗木的进场时间，补植苗可标注为大致月份。此举可避免建设单位过分频繁地要求换苗。

(4) 机械使用计划应明确运输机械、园林机械的种类、数量及在现场使用的具体时间。（注意不要忽略养护施工期间使用的剪草机械、喷药机械等园林机械）

### 3.5 施工组织机构及人员设置

施工组织机构须明确工程分几个工程组完成以及各工程组的所属关系及负责人。人员安排要根据施工进度计划，按时间顺序安排。

## 4 城市园林绿化工程施工质量控制的主要措施

### 4.1 工程施工准备阶段的质量控制

园林工程施工准备的基本任务就是为工程建设建立一切必要的施工条件，确保施工生产顺利进行，确保工程质量符合要求，在实际工作中主要从以下几个重要方面进行控制：

（1）会审图纸及做好工程技术交底，了解设计意图、技术要求、施工难点，控制质量。

（2）施工组织设计要制定全面的技术文件，使园林工程符合设计要求及质量要求，确保工期短、成本低、安全生产、效益好。

（3）重视现场勘察和临时设施的搭建。

（4）做好物质准备和劳动力准备。

### 4.2 工程施工阶段的质量控制

根据施工组织设计的进度计划，编制具体的施工作业计划和相应的质量计划，对材料、机具、工艺、人员等影响质量的因素进行控制，以保证园林工程产品总体质量处于稳定状态。

### 4.3 工程竣工验收阶段的质量控制

工程进入完工验收阶段，应有计划、有步骤、有重点地进行收尾工作的清理，找出遗漏项目和需要修补的工程，并及时处理。由施工项目的上级部门严格按照设计图纸、施工说明及竣工验收标准，对施工质量进行全面鉴定，评定等级，作为竣工交付的依据。

## 5 结束语

随着社会的发展，人们对环境质量的要求也越来越高，因此，

城市园林绿化在社会发展中也越来越重要。而在城市园林绿化建设中，施工又是一个非常重要的环节。园林绿化施工除了要实现园林规划设计的最终目标，还要结合项目的现场实际情况和施工的具体条件，来进行创造性的设计；另外，我们应当根据城市的地理位置、环境因素和文化诉求，来制定详细的绿化方案、施工进度计划和养护管理计划，以求打造一个具有文化特色的高品质生活环境。

（发表于《绿色大世界》2009年第8期）

**参考文献**

[1]张莉.园林植物施工图浅议[J].中国园林,2003(2):72-74.

[2]扬向青.园林规划设计[M].南京:东南大学出版社,2004.

[3]孟兆祯,毛培琳,黄庆喜,等.园林工程园路施工[M].中国林业出版社,2003.

# 民宿建筑中传统建筑元素的应用研究

## 1 民宿的发展现状

Trustdata 正式对外披露的《2019 年国内线上民宿产业发展分析报告》中明确提到，2016 至 2019 年，由于旅游消费规模的扩大，民宿在线上的发展规模迅速扩张。尤其是在 2018 年，国内线上民宿的房源总量接近 107 万套，业主总计超过 32 万人次，平均每人次业主就要运营 3.3 套房源，这一数据跟 2016 年对比有了显著的提升，人均增长 1.3 套房源。

## 2 民宿建筑中的传统建筑元素

### 2.1 石

石的质感一般可以彰显极其厚重的特点，其关键在于这类材质本身就有原始的属性，可以充分体现出主体建筑的历史感，还能够表现乡土风情等别具一格的地域特征。基于此，石引起了民宿设计领域的高度重视。

普遍来看，石通常是天然产生，具有与众不同的自然肌理，但是，各类原料之间仍有各自的辩识度。有一定比例的材料在纹理上显得相对粗犷，还有一部分则相对温和，这足以证实其多样性，同样也能够体现原生石材从始至终就独有的艺术风格。从观赏的角度看，由于这类材质的肌理更为多元化，纹路也符合蒙太奇式的艺术特点，其与生俱来的艺术感，让全球范围内的艺术工作者尤为重

视。许多艺术工作者凭借其带来的灵感实施创作，丰富自己的作品内涵。

### 2.2 木

木的肌理同样为天然产生，其内部涉及生长轮、木射线等多种结构，而最关键的是生长轮，无论以怎样的方式展开切割，皆可以形成相互独立甚至平行的直线图案。通常而言，木从横切面看，为同心圆的纹理；而从纵切面来看，主要为平行条纹；如果在斜面进行切割，则能发现抛物线的纹路。

在民宿建筑领域，木的使用十分普遍，其能够在结构支撑上得到有效的运用，在装饰等方面也有一定的效果。权威建筑师王澍在其设计中就很好地体现了这一材料的优势——借助一定比例的木材，结合其跟石材的对比，并综合利用木格栅等元素，让建筑体现出一定的历史感以及文化感。

### 2.3 砖、瓦

砖、瓦基本上都由土壤作为核心原料加工而成，体现了厚重的质感和浓郁的乡土气息。对传统建筑而言，两者的作用都缺乏多样性，但是考虑到当前的审美观念，这两类要素的运用还是相对普遍，经常能够在砌墙和铺地等工序中得到有效利用，且其重点在于如何体现历史文化感以及乡土气息。与城市环境截然不同的是，考虑到自然以及质朴的要求，传统建筑的材质必须能体现一定的文化底蕴，并表现出稳重感。砖、瓦在乡村的民宿建筑中体现了其重要意义，这也说明乡村民宿建筑具有对于意境的追求。

莫干山等民宿把瓦片当成墙体的装饰原料，塑造了与众不同的文化气息，提高了建筑的审美价值。

## 3 传统建筑元素在民宿结构设计中的应用

### 3.1 建筑的外立面设计

在针对民宿展开设计的过程中，外立面必须要适当地采用自然原料，如借助竹子等原料的优势，发挥装饰作用，让建筑可以体现出地域文化的特征。

对福建区域的民宿进行研究后，发现借助传统民居改造的民宿，在风格上更为多元化。在改造环节中，把传统的屋顶重建，以一定的坡度打造，再以小青瓦进行组合，这明显提高了建筑的立体感，且能够和山体形成照应，实现了多元化的室内天花。为充分彰显建筑的乡土风情，在外墙的建设中，主要以当地独有的黄黏土作为原料，这有利于保障建筑结构的稳定性，也实现了建筑物在厚重感上的要求。改造前的建筑在材质使用上过于复杂，而在改建过程中，广泛利用了当地独特的毛竹栏板，提升了整体的审美效果，彰显了当地的乡土风情。

### 3.2 室内改造设计

民宿建筑改造前的部分构件也能够成为关键的装饰要素，普遍的方式是把之前建筑的结构跟屋顶等区域做出一定的调整，使之展示在室内空间里，但需要强调的是应该和外立面保持相互统一的风格。这一系列设计方法充分彰显了民宿跟酒店的差异性——民宿不会过度要求奢华感，但必须要具有浓郁的文化气息。

从当前情况来看，民宿设计尚未由于传统住宅过于老旧而实施规模性的改造，反而把大量的木梁或者夯土面进行保留，让游客能够直观地发现这一元素，但设计师一般会巧妙地借助石膏板墙来构造另一层空间，在原木顶的基础上实现新增管线等大量建筑需求，这就实现了建筑改造跟保留其文化底蕴的多重目的。

（发表于《中国房地产业》2020年第2期）

**参考文献**

[1]汪谦.非传统乡村民居改造型民宿建筑设计方法探究[D].南京:南京工业大学,2016.

[2]田钧伊.传统民居的民宿改造与设计研究[J].设计,2017(10):152-153.

[3]陈宣辰,冯信群.基于渔村文化建设视角下的民宿改造设计[J].设计,2018(9):158-160.

[4]赵英哲,杨子江.浅论中国古代建筑中蕴涵的哲学思想[J].中国西部科技,2018(11):96-10.

[5]王洁明.浅谈如何在现代建筑设计中传承中国传统建筑文化[J].科技资讯,2015(11):36-40

# 论绿色低碳背景下的城市规划技术的应用

在绿色低碳经济的引领下，我国经济建设越来越重视可持续化发展观念。只有将绿色低碳的可持续理念融入我国的城市规划中，才能实现预期的环境保护目标，有效全方位提升城市建设的竞争力。笔者从自身的城市规划工作经验出发，探讨如何将绿色低碳环保技术融入城市规划设计发展中，从而有效保障我国城市化快速发展的要求，促进国民经济快速发展。

## 1 绿色低碳城市的概念和意义

随着我国经济建设的快速发展，低碳经济已经成为我国经济建设中必然的发展方向，符合现代化社会的发展要求。所谓的绿色低碳城市，则是以城市空间为载体，从细节出发，有效贯彻落实好各个方面的绿色低碳理念，推动城市规划建设的全方位发展，促进城市经济迎来新的一轮发展。其核心主要是在现代化城市规划的过程中，始终贯彻落实好生活理念、经济理念以及绿色低碳社会理念，针对当前存在较为严重的环境保护问题，提出有效的解决策略。具体来说，在进行城市空间的开发利用过程中，重视城市绿色基础设施的完善，全方位采用节能绿色材料，满足城市的绿色化发展要求。贯彻落实绿色低碳城市规划理念，主要是从城市发展的实际情况出发，重视相关的发展模式、建筑布局及城市形态等方面的内容，引导城市健康稳定发展，构建良好的人和自然和谐发展

的局面，从而全方位推动城市经济快速发展，实现城市化进程的全面提速。

## 2 绿色低碳背景下城市规划技术的应用

### 2.1 低碳空间的分布

在城市空间发展规划过程中，应保障低碳空间的合理分布，以保障城市土地的利用效率得到全方位提升，实现生态绿色比重得到有效增加。

在具体的城市规划实践中，应杜绝出现公共绿地的占用及破坏问题，并保障城市园林工程顺利进行，全方面保存原有的自然风貌；另外，结合绿色低碳的实际要求，还应重视利用有效的技术来实现土地资源的高效利用，结合实际情况来有效实现城市规划发展，合理优化调整相应的规划内容以及规划技术，充分考虑城市人口分布以及密集度对于低碳空间的影响，以保障满足低碳空间的合理分布；最后，应将生态城市的低碳理念融入城市规划的土地集约利用评价过程中，并在此过程中重视所涉及的社会效益、生态景观以及城市内部拥挤成本等方面的情况，从而明确人口规模及建筑密度的合适比例，保障基础设施利用率得到全方位提升，避免出现资源过度消耗的问题。

### 2.2 水环境的规划技术

进行城市水环境的绿色规划，有助于全方位有效地保障地下水、地表水的合理应用。在进行绿色低碳城市规划发展的过程中，应加强水环境规划技术的推广应用。

（1）应要求规划工作中明确有效实现中水回用技术的合理利用，将生活污水进行浇溉、冲厕等处理，充分利用水资源，保障实现城市水资源的利用效率得到全方位的提升，实现水资源的节约化要求，满足城市水环境的可持续发展。

（2）应重视如何有效处理城市水资源，以便更好地实现工业污水的处理，落实好水生植物的健康生长，维护原有的湿地资源，保障城市生态环境的稳定性发展。

（3）应重视结合水资源的实际分布情况，加强城市景观的优化设计，凸显出美化环境、提升城市生态环境效益的作用。

**2.3 城市绿地的系统规划**

第一，开展城市规划实践过程中，应重视如何有效开展绿色邻里模式的构建。结合绿色低碳发展要求，城市绿地除了应符合城市规划发展以及审美需求外，还应重视如何有效实现功能上、形式上的生态效益以及生态作用。明确有效利用自然生态资源的策略，以满足人们相应的自然心理需求，有利于从功能上来更好地提升人们和大自然接触的体验感，实现人和自然的和谐相处。

第二，在进行城市绿地规划时，从城市发展以及绿色设计的理念出发，可以尝试立体绿化方式，这样能有效实现城市物理环境的改善。借助立体绿化技术，能给城市规划带来不一样的感觉。比如，借助屋顶绿化技术、中层绿化技术以及首层绿化技术，再配合墙面绿化等工作，能实现"空中花园"的效果。具体来说，在墙面绿化环节中，可以将圈梁构架、植栖和喷灌系统设置在墙体及柱子上，这样也有利于植物的生长。

第三，在城市绿地规划设计过程中，充分借助碳氧平衡原理，在一定的量化计算的基础上，进行城市发展所需要的绿色面积的推算，这样能有效避免城市内部局部缺氧的问题，有效实现绿色环保要求。

**3 结 语**

由此可见，在进行绿色低碳城市规划时一定要从整体上进行合理的有效规划，符合当前绿色低碳经济社会的发展要求，在促进城

市发展的过程中重视落实各项低碳环保理念，保障绿色低碳技术得到全面推广，满足现代化城市发展的要求。在城市规划设计的过程中，还应重视合理的用地布局、城市水环境的规划以及保护，保持足够的绿地面积，积极构建更加适合大众居住的绿色生活环境，从而保障城市建设的可持续发展。

（发表于《工程管理前沿》2020年第27期）

**参考文献**

[1]邹笛.下好城市规划一盘棋,驱动长远绿色发展[J].中华建设,2018(4):26-29.

[2]李迅,李冰,石悦.从价值理念到实施路径的系统设计:生态城市规划技术导则编制的思考[J].城市发展研究,2017(10):94-103.

# 「建筑工程篇」

# 房屋建筑常见质量问题及其防治

当前房屋建筑工程项目普遍参与了"创优质工程"活动。施工企业把工程质量视为企业的生命线，普遍建立了质量保证体系和工程质量检查验收制度，在提高工程质量方面取得了一定的成绩，但在质量通病、使用功能、服务设施方面仍然存在着粗糙、低劣的状况，因此，有必要谈谈"房建工程质量通病"的防治问题。

## 1 屋面漏雨和厨房、卫生间的渗漏

### 1.1 产生原因

（1）作为主导防水材料的沥青油毡和 APP（无规聚丙烯）等防水卷材质量下降，合格率普遍低下，尤其是小型厂生产的产品，在生产过程中没有经过严格的工艺处理，质量关、技术关都没把好，甚至其原材料的质量也有问题。

（2）设计时不够精心细致，有的对节点或泛水做法处理不合理；有的工程部位必须做防水层，但却未设计防水层，甚至采用多孔板结构层的厨房间也疏忽对防水层的设计；等等。

（3）平屋面、天沟、檐沟的排水坡度未达到设计要求；排水路径不畅通；坡屋顶小青瓦本身质量不好，椽条小，又不设通风孔，致使椽条长期受潮而烂断；防水节点未按规范和设计要求做细、做足；女儿墙、外露板檐口、窗顶未做滴水线或防水层收头处理不恰当。

### 1.2 预防措施

（1）必须选择具有防水施工能力的施工队伍做屋面防水，在签合同之前对其资质进行审查，并了解其施工历史。

（2）选用防水材料时，要严格履行程序即材料要有化验单和质量合格证。施工前对卷材进行认真清刷，严格控制沥青温度。保证搭接合理，每平方米沥青用量不得减少。

（3）泛水、檐头、伸缩缝、女儿墙根部要严格按施工规范规定处理。具体做法：挑檐板下口要做滴水沟并加设铁皮泛水檐外窗台，挑檐板檐头抹鹰嘴型；女儿墙根部抹成圆弧形或压成八字；伸缩缝在屋面上要砌墙做成压顶，最好做铁皮泛水。每道工序做完后，一定要严格履行验收和交接制度，并专人负责。

（4）厨房和卫生间不能选用预制空心板，穿过板的管道一定要加设套管，并保证四周空隙相等，然后用膨胀混凝土灌实，上下要做防水地漏。

## 2 预制钢筋砼板裂缝

### 2.1 产生原因

（1）灌缝砼与板的结合不好，施工粗糙，填塞建筑垃圾。

（2）没有分层、隔层灌筑细石砼。

（3）不设或少设拉结筋。

（4）不注意砼的养生以及施工的活荷载，构件产生弹性变形，以致接缝砼疲劳。

（5）灌缝砼现场浇捣，分散零星施工。如，一道长450毫米的板缝，需用0.012立方米细石砼，其配比难以控制，若坍落度掌握不准，水灰比过大或过小，都直接影响砼的强度，从而产生收缩裂缝。

### 2.2 防治措施

（1）预制楼板安装时，板支撑处应铺设 100 号水泥砂浆填平。当砂浆厚度超过 3 厘米时，应改为辅筑细石砼找平层，板底面必须留有 1.5—2 厘米的缝隙，并隔四层以上集中灌筑细石砼，且其水灰比不大于 0.45，细石粒径不得大于 1 厘米。灌筑前应清洗板缝，先铺一层水泥砂浆，按设计拉结钢筋或者放一层钢丝网，不应随意填塞建筑垃圾及碎砖渣。根据施工进度安排，集中养护，减少零星施工，并适当留试块进行强度试验。灌缝砼的标号一般以高于构件标号 50 号为宜，使新旧砼紧密结合，以防裂缝发生。

（2）在板缝砼强度未达到规定要求之前应减少荷载和施工重复震动荷载。

（3）加强板缝砼的振捣。由于板缝体积小，作业面分散，出现问题可能性高，所以要有专人仔细捣实，或用小型振捣机械振捣，保证振捣质量，并按规定养生，浇水覆盖养生不少于 3 天。

（4）在设计选板时应尽量减少板的型号，避免不同类型的板刚度相差悬殊；布置板时应尽量做到排板方向一致，避免纵横交错，以免由于板的变形而导致裂缝。

### 3 烟道及下水道堵塞

### 3.1 产生原因

目前住宅工程施工中，由于墙薄、烟道不设套管，烟道及下水道很容易被掉落的砂浆等堵塞，而且时间一长很难清理。

### 3.2 预防措施

（1）建议砌烟道时，自下向上留开敞式的槽，待抹灰时随抹随封闭。

（2）下水管道最好每层均设一检查孔，待临竣工验收前一次封

闭，且封闭前要用圆球打通。

（3）磨水磨石时，一定把下水道开口处用草袋等堵住，以防泥浆流入，把下水道堵死。

## 4 地面和天棚开裂

### 4.1 产生原因

（1）夏季气温高，混凝土硬化前水分蒸发很快，容易早凝而失去流动性，表面易干燥。

（2）混凝土内一部分水分被干燥的基层所吸收，易致使混凝土产生早期干缩裂缝，即塑性收缩裂缝。

### 4.2 预防措施

（1）在吊装楼板时，同一个房间内一定要选用相同等级的预制板，而且吊装完毕当即拨正。

（2）找好预制板的间距，以保证灌缝密实。

（3）抹地面时要认真清理基层，最好做滚压地面，并注意养生和保护。

（4）为保证预制板灌缝后的整体性，在灌缝后一定时间内最好不加放荷载。

（5）抹地面用砂的含泥量要严加控制，基层、找平层、面层前后工序要安排合理。

（6）压光时间要选择准确。

## 5 墙面抹灰空鼓、起泡、裂缝

### 5.1 产生原因

基层清理不净，墙面不干，抹灰前湿润不够，墙面平整度差，一次抹灰厚，石灰熟化不充分等。

### 5.2 防治措施

（1）抹灰前必须用钢丝刷清理干净结构层表面掉落的砂浆和杂物，浇水浸润。

（2）若基层不平整或太光滑，则必须用 1:3 的水泥砂浆分层抹平或凿毛，用砂浆砖块堵塞严实脚手眼。

（3）抹灰用的砂浆必须有良好的和易性，并且有一定的黏结度。为了保证抹灰砂浆有一定强度，抹灰时可以在砂浆中掺入 107 乳胶材料，石灰熟化不少于 15 天，罩面用灰不少于 30 天。砂浆的配比应符合设计要求。抹灰应分层进行，底层 7 毫米、中层 6 毫米、面层 5 毫米。当抹灰总厚度大于或等于 35 毫米，应采取加强措施。

（4）底层砂浆与中层砂浆配合比应基本相同。中层砂浆标号不能高于底层，底层砂浆标号不能高于基层墙体，以免在砂浆凝结过程中产生较强的收缩应力，破坏强度较低的基层，从而产生空鼓、裂缝、剥落等质量问题。

（5）抹灰所用的材料品种和性能应符合设计要求，水泥的凝结时间和安全性应做二次复验，合格后方可使用。

（发表于《中华建设》2007年第2期）

# 论高层建筑混凝土施工技术要求与
# 质量控制

## 1 引 言

相比普通建筑工程，高层建筑施工有其一定的特殊性，所涉及的混凝土工艺技术则应受到格外关注。混凝土施工质量对于全方位保障高层建筑的整体安全性具有至关重要的作用，如果不能从各个方面重视混凝土施工的关键技术，则无法实现预期的项目质量要求。

## 2 高层建筑混凝土施工中存在的问题

### 2.1 材料问题

#### 2.1.1 水泥质量问题

水泥是高层建筑施工中的重要材料，其质量问题体现在：一是水泥具有水化热较高特点，不满足施工要求标准容易造成裂缝问题；二是水泥硅酸盐物质硬化问题，会降低水泥的黏结性。

#### 2.1.2 骨料质量控制

制备混凝土的过程中，粗骨料是以大粒径砂石为主，一般来说其粒径要求大于 5 毫米，并能起到一定的黏合作用，有效满足支撑要求；细骨料则是用于粗骨料孔隙的充填，其粒径一般为 0.16—5 毫米，通过相互配合能有效起到承压作用。如果不重视上述粒径范

围，会造成水泥黏结性下降，承载性降低。

### 2.1.3 外加剂质量控制

为了符合施工的要求，混凝土相关性质需要通过外加剂来实现，所以，如果不重视外加剂的质量问题，就会对工程质量和工期控制造成比较大的影响。

## 2.2 施工问题

结合混凝土的施工环节来看，施工问题具体分为三个方面的内容：施工准备阶段、实施阶段以及养护阶段。在准备过程中，主要是施工材料质量控制问题，存在着钢筋除锈不到位、膨胀剂加入时间过长或者混凝土配合比不合适等问题；在实施环节中，存在着水化热严重、孔隙率较高、混凝土质量不过硬及设备难以满足混凝土浇筑要求等问题；养护阶段中，存在着养护材料不合适、养护环境不合适等问题。

## 2.3 人员问题

在高层建筑的混凝土施工过程中，施工技术人员的专业素养也十分重要。在具体的过程中，应保障施工人员从实际出发，进行施工方案的合理选择，确定合适的外加剂。如果施工人员的整体专业素质偏低，不仅会使成本控制、工期控制受到较大影响，还会造成混凝土施工难以符合预期要求。

# 3 高层建筑混凝土施工技术要求

## 3.1 材料控制

在材料控制的过程中，主要就是结合项目要求提出合适的混凝土配合比要求，有效保障混凝土粗骨料粒径在 3.2 厘米左右，粗骨料中的含泥量控制在 2% 以内，砂的含泥量控制在 1% 以内。在进行浇筑前，应通过最少六组试块的制作，以保证符合抗冻融循环试验、

强度试验等要求。最后，施工环节也应明确试块试验的定期化要求，有效提升混凝土施工质量的可控性。

### 3.2 浇筑施工

浇筑前须重视混凝土材料的配比问题。结合实际情况，可以通过泵送商品混凝土方式，满足控制坍落度为 (120 ± 20) 毫米的范围。要求混凝土含气量在2%以内。根据环境的变化进行投料量的调整以及外加剂的优化。在浇筑环节，应检测模板和钢筋状态，保障整体结构的完整性、稳定性要求。浇筑前则应重视混凝土质量检查，加强振捣质量，尽量减少混凝土中气泡的数量。

### 3.3 刚性控制

在混凝土工程中，两个构件相互连接的位置容易出现裂缝以及质量问题，则应结合实际，通过施工缝来处理连接部分。柱与梁不同强度等级的混凝土交接面应位于距离柱为梁高的梁上，同时，还应在梁下等高的柱的施工缝位置继续进行浇筑处理，一直到板下平面位置，且应该保障混凝土与柱的强度等级一致。核心区的混凝土浇筑到板下平面时，则应将相应高度、厚度相同的柱模板在柱的截面位置进行设置。同时，为了方便施工，应该选择相应强度等级的混凝土。

### 3.4 后期养护

浇筑完成之后，还应重视养护工作，特别是从温控角度出发，重视构件的裂缝问题。一般都是利用降温、遮阳的方式。大体积混凝土构件的质量要求往往更高，特别是受到水化热的影响更为明显，因此也必然有着更为先进的检测手段以及养护方式。高层建筑的养护材料为无纺布和水，能有效平衡混凝土内外的温度，满足其维持在合理温度范围内的养护要求。

## 4 高层建筑混凝土施工质量控制

### 4.1 材料质量控制

为了保障钢筋混凝土结构施工质量，首先，应该充分重视所涉及的钢筋、水泥及砂石的质量。在材料进场前，应结合相关的规范要求全方位检查材料质量，杜绝不合格材料入场。其次，选择合适区域来进行材料的堆放，并重视材料的防潮工作，避免造成硅酸盐物质的黏结力下降及钢筋腐蚀。一定要从项目的实际情况出发，重视合理安排水泥、砂石及蓄水池的位置，控制好相应的经济化运输距离，保证材料的高效利用。最后，在具体的除锈工作前，一定要结合施工图纸的规范要求，明确钢筋布置的间距、弯折长度与角度和相应的布置方式等问题，结合实际来优化选择外加剂的种类以及比例，实现混凝土性质的优化，以便更符合施工质量要求。

### 4.2 施工质量控制

在具体的混凝土施工环节中，一定要加强混凝土的振捣效果，目的是避免钢筋布置形式遭到破坏，或由于工作失误而出现拆模后露筋的问题。同时，从实际需求出发，充分参考施工质量要求，对模板待浇筑区域进行分层或者分段处理，以便更好地满足浇筑要求。结合模板光滑度要求来看，可以有条件使用木模板和钢模板的搭配施工。在完成浇筑的基础上，进行混凝土初凝、终凝时间的观察。在混凝土凝结的基础上，方可开展压光处理，而后通过无纺布来遮阳以及降温，这样方能满足预期的养护需求。如果混凝土构件对于光洁度要求较高，则可以先选择钢模板。拆模后要在一定时间内开展凿毛作业，这样能满足连接构件和构件的质量要求。最后，在浇筑前，一定不要忘记清理工作，这些都是施工的基础保障。

## 5 结　语

综上所述，在高层建筑施工的过程中，一定要从实际情况出发，按照规范标准要求保障各种资料的合理化应用，从而满足高层建筑混凝土施工的稳定性要求，全面实现预期的施工质量。

（发表于《建筑工程技术与设计》2020年第7期）

**参考文献**

[1]王吉森.高层建筑混凝土工程施工质量控制措施初探[J].砖瓦世界,2019(18):1.

[2]张俊杰.高层建筑混凝土工程施工质量控制探究[J].四川水泥,2019(8):199.

# 论住宅建筑装修中存在的问题及应对方法

　　随着我国建筑项目如火如荼地快速发展，住宅已然成为人们生活中不可或缺的重要物质。人们经济生活水平日益提升，购房需求成为老百姓生活的重要部分。考虑到多层砖混结构住宅使用年限为五十年，高层或超高层钢筋混凝土结构往往有着更高的使用年限，人们越来越关注住宅建筑的装修问题，希望通过建筑装修实现美化家居、追求舒适的目的。但是，大部分居民由于客观条件的限制，并没有了解太多相应的工程装修知识，往往在装修工程中留下一些问题。在住宅建筑的家庭装修中，由于当前客观条件的限制——住宅装修施工队伍鱼龙混杂，装修质量参差不齐，难以从总体上保障装修质量。这里结合自身的实际工作经验，重点就住宅建筑装修中存在的几个方面的问题进行探讨，希望能给广大同仁起到一定抛砖引玉的作用。

## 1 装修对建筑结构的破坏

　　住宅装修是原有建筑物的改造处理，涉及房间的使用功能，以及结合实际需求进行穿墙打洞、房间重新组合等大手笔，可能会造成建筑结构"伤筋动骨"。在住宅建筑的装修中，如果不假思索地进行墙体的改动，可能会造成建筑结构体系的改变，留下一定的安全隐患，造成房屋局部刚度减弱，使得房屋的抗震性能大大降低。所

以，在进行大的门窗洞口的开设前，一定要从实际出发，进行相应的混凝土过梁或型钢过梁的增设；在具体的开洞环节中，一定要合理优化洞口大小以及位置，尽量采用机械切割方式，降低对于周边墙体的不利影响；在装修的过程中尽量少打洞，确实需要打洞则应避免受力钢筋被切断的情况，杜绝在混凝土梁上打洞；门窗开设在墙体中，则应避免承重墙方面的凿捣。

## 2 瓷砖墙面

（1）存在着瓷砖镶贴局部或大面积空鼓甚至脱落的问题。主要原因为一次性抹灰或者不合适的砂浆配比；墙体基层没有进行有效清理，或者难以有效处理；浸泡瓷砖后没有晾干；粘贴砂浆厚薄不均匀，造成嵌缝不密实以及漏嵌的问题。防治措施如下：一是结合规范要求来处理，特别重视砂浆抹灰前的施工工序要求，砖墙往往需进行浇两遍水处理，以保证底层和中层砂浆具备较好的和易性；二是保障清洁干净瓷砖，能用水浸泡而不冒泡的情况应控制在 2 小时以上，并进行晾干的镶贴处理；三是严格控制粘贴砂浆厚度在 7 毫米左右，否则容易出现空鼓问题；四是在进行粘贴处理的过程中，出现空鼓问题则取下瓷砖，进行重新处理，粘贴、修补。

（2）存在着瓷砖色泽不一且接缝不平整、不均匀的问题。主要原因为施工前并没有按照规范要求严格挑选瓷砖问题，没有严格准确执行粘贴瓷砖操作工序。防治措施如下：一是镶贴前先用水平尺进行墙面的找平处理，以保障校核墙面方正的要求，从而明确出纵横块数的要求，在皮数杆上划出，再根据相关的水平标准以实现平整美观的要求；二是结合实际分别堆放色泽不同的瓷砖，杜绝使用有缺陷的瓷砖，在同一面墙、同一房间使用同一类型的瓷砖，以满足接缝均匀且色泽一致的要求；三是结合水平线的要求，进行从下

到上的逐步粘贴，并要求施工中用靠尺板靠牢处理，方便及时调整。

### 3 塑钢门窗的安装

（1）塑钢成品表面的保护膜旨在避免塑钢门窗在施工中碰撞划伤，造成美观性受到影响。所以，在具体的装修过程中，一定要重视材质的选择问题，加强安装成品的保护。同时，在安装的过程中，一定要重视操作工序的优化，明确洞口位置，满足装饰面层的平整度要求。考虑到水泥砂浆对于保护膜的影响，在选择其作为填缝材料而使用的过程中，应重视边框的防水处理，通过塑料胶带包裹的方式保护门窗，避免出现粘上灰浆的问题。

（2）固定塑钢门窗与墙体。当前，大都是通过门窗框连接件和射钉枪钉紧固定的方式来处理门窗的安装，这种方式存在着固定不牢的缺陷，应该注意选择合适的固定方式。当门窗洞口为砖砌体，则可以选择膨胀螺栓与墙体连接的方式；如果门窗洞口为混凝土时，一般采用射钉枪射入，将连接件与墙体连接的方式。其中，连接件杜绝使用铁件、普通钢，要选择不锈钢或者镀锌件，以减少腐蚀问题。

（3）在进行门窗安装之前，应结合实际情况来全方位检查。判断窗框是否符合方正要求，在安装中要进行认真垂吊线，并通过水平尺靠直靠牢，要求表面垂直后再进行木楔固定。并且，应保障在同一平面内进行门窗的安装，并重视周边的密封问题。

### 4 家庭居室装修与防火

家庭居室装修中，常有违反安全用电的规定，电器安装错误的问题。部分住宅装修的过程中，仅仅从房屋美观的角度出发，存在着大量的电线隐蔽暗敷，如果没有穿管就敷设在可燃物内部，那么就存在着严重的火灾安全隐患。同时，市场中的电器、开关等存在

着质量参差不齐的问题，不仅质量不过硬，还使用了塑料薄膜、硬质塑料以及纸质等可燃材料，这样就会增加火灾的风险。所以，住宅的装修施工一定要符合电气设计以及操作规范要求，避免出现配电线路负载过大，超过安全载流量的情况，并要保证电气设备的质量。在进行总体的安装之后，还应有针对性地开展电气线路的绝缘性监测，通过全方位检查工作，特别是测试保护系统导线，以保障其具有较高的安全可靠性。

另外，在进行住宅装修的过程中，则应尽量使用不散发或少散发有害气体且阻燃的装饰材料。结合工程监理的逐步完善，应充分发挥其在家庭住宅装修中的作用，这样也有利于保障住宅装修高质量完成。

（发表于《工程管理前沿》2020年第3期）

**参考文献**

［1］徐李明.群体住宅建筑装饰装修施工技术分析与研究［J］.装饰装修天地,2019(14):19.

［2］史利波.群体住宅建筑装饰装修工程施工技术要点研究［J］.山西建筑,2018(23):222-223.

# 论工程资料在建筑装修工程管理中的重要性

## 1 引 言

随着我国经济建设的快速发展，建筑工程项目层出不穷，建筑装修工程的施工规模逐步扩大，越来越多的人关注施工的总体质量以及安全性等方面的问题。在具体的建筑施工环节中，则应该全方位重视工程质量问题，并结合工程资料的真实可靠性要求，有效保障满足建筑装修工程的基本要求。因此，在具体的施工实践过程中，一定要充分重视建筑装修工程资料的管理工作，加强各方面的工程资料落到实处。

## 2 工程资料在建筑装修工程管理中的重要性

### 2.1 展示建筑单位的管理能力

工程资料主要涉及建筑项目总体建设中各方面的内容，一方面体现了施工单位的建设成果，另一方面直接影响到工程的总体创建、工程质量。所以，为了全方位保障工程项目的总体质量，应重视工程资料的管理工作，以便符合现代化工程建筑项目的总体要求。

### 2.2 有效反映建筑装修工程施工过程的真实记录

结合建筑装修工程的工作来看，工程资料涉及大量的信息内容，特别是相应的视频、音频以及图像等信息内容，这些对于全方位记录整体的装修施工工作具有重要意义。就装修项目中的隐蔽工程来

说，应重视这部分验收工作，进行施工中相应资料内容的记录，以便记录工程施工的真实状况。在此过程中，资料的重要性不言而喻，其对于施工重量、验收工作都有着重要影响，能有效反映出真实的装修过程。

### 2.3 工程后续管理的依据

结合工程施工的情况来看，针对施工具体情况，应重视相应的后续管理工作。考虑到人员以及环境等方面的影响，工程中肯定会存在影响项目质量的内容。因此，在后续的工程项目管理中，则应依据相对应的工程资料来进行后续管理工作，这些是开展工作的重要基础内容，能帮助我们从整体上更好地把握装修工程后续的工作重点，为顺利实现预期的项目目标奠定良好的基础，也能有效减少工程质量问题。

### 2.4 判断是否运用节能环保材料的主要根据

结合建筑项目管理中的验收机制，在装修施工中对主要节能环保材料的应用进行分步验收。如果在此过程中，不能满足预期的节能验收标准，则难以落实具体的验收要求。具体来说，节能验收过程中最为重要的方面，则是结合工程项目合同规范要求以及节能环保材料的规范，重视施工材料的节能环保性的核查。上述活动则离不开工程材料的高质量记录以及整理工作。

## 3 如何提高建筑装修工程资料管理的规范性

### 3.1 提高工程资料管理的意识

一是不断完善工程资料管理的规章制度，落实好相关的细节问题，重视资料管理的体制创新发展；二是加强宣传工程资料管理的重要性，以便保障全体工作人员都有充足的认识。

### 3.2 保障工程资料收集过程规范有序

结合建筑装修的总体发展情况，应保障工程资料的制定和管理等工作落实到细节。一是结合企业的实际需求，加强相关人员的专业化培训，不断提升他们的工程资料规范化管理的水平。二是加强宣传，使相关人员从多个方面认识到工程资料管理的基础性作用，秉承规范化管理的要求，全方位保障工程资料管理水平的提升，切实从细节处入手来提升建筑装修工程总体施工管理水平。

### 3.3 匹配资料管理专业人员及注重提高专业管理水平

在具体的装修工程管理环节中，只有从企业的实际情况出发，配置专业化的装修施工队伍，才能有效保障工程资料的健全化要求，从而更好地满足预期的验收工作的要求。在具体的配置专业化工程资料管理人员队伍的过程中，一定要从实际出发来选择专业水平能力高的人员，保证其具有较强的业务能力，以便更好地满足预期的工程项目质量要求。

### 3.4 重视施工技术资料的记录和收集

装修工程的技术资料可以在某种程度上反映出装修工程的总体质量，所以，在具体的施工环节中，一定要结合工程建设进度要求，从项目实际出发来进行相关资料的收集整理，并有效及时进行归档处理，结合实际对质量测评资料、技术资料进行较为完备的记录。其中，一定要从施工的实际情况出发来落实好具体的资料档案的整理以及归档工作，这样方能有效提升工程资料管理的准确性、连续性。

### 4 结束语

综上所述，工程资料管理是工程项目管理中的重要内容，过程较为复杂，且涉及大量的处理时间，这就要求相关工作人员应该从

实际出发，重视资料的编制、收集以及归纳总结，这样才能满足项目的整体要求。在建设单位的发展中，结合实际来进行工程资料的规范化发展是非常重要的内容。反之，如果不重视这方面的工作，导致工程资料存在偏差，就会造成工程质量和进度大打折扣，直接影响到企业的经济效益。所以，在这样的背景下，应从实际情况出发，全方位提升工程资料管理人员的认识，以便全面有效推动工程资料管理工作的稳步发展。

（发表于《工程管理前沿》2020年第4期）

**参考文献**

[1]韩小才.建筑装饰装修工程施工质量控制与管理[J].建材发展导向(上),2019(12):359.

[2]肖宝全.建筑装饰中的精装修项目工程施工管理简析[J].河南建材,2019(6):144–145.

[3]丁玉贵.建筑装饰装修工程施工现场管理研究[J].装饰装修天地，2019(22):3.

[4]孔祥宏.浅析如何加强建筑装饰装修工程现场施工管理[J].四川水泥,2019(11):195.

# 浅议建筑企业的工程项目管理

工程项目是施工企业效益的源泉、信誉的窗口，也是一切管理的出发点和落脚点。因此，施工企业管理的重心应在工程项目管理上，坚持以安全质量为重点，以合同管理为核心，以成本管理为手段，以经济和社会效益为最终目的，实现工程项目管理的科学化、规范化、程序化、标准化，从而全面提升施工企业的管理水平。本文就建筑企业工程项目管理的几个方面做了如下探讨。

## 1 建立项目管理体制，落实项目管理措施和技术管理措施

### 1.1 建立健全的项目管理体制

（1）以项目为中心，围绕项目需求来组织资源，充分利用资源，形成管理体系，工程竣工交付后项目组织机构解散。这样的项目管理体制中，项目的组织机构既是决策机构又是责任机构，企业经营管理层、业主单位、监理单位的作用是支持、监督与协调。企业从全面干预转向行使决策、监控、协调、指导、服务职能，以保障项目经理能全面行使职权，保证工程建设有序进行。目前项目管理主要采用建筑企业与项目之间构成的矩阵制组织结构，也可采用工作队式等其他组织形式。

（2）完善安全质量保障机制。严格执行企业安全质量管理体系标准，所有工程项目必须编制施工组织设计、专项施工方案、安全质量计划目标，实行安全质量技术交底制。严格项目质量控制，制

定施工准备、施工过程、竣工验收等阶段的质量控制办法，推行工程量"样板制"和"三检制"。层层落实安全质量目标责任制，将安全质量作为项目经济承包的主要指标直接挂钩考核。结合创优夺杯和创文明标化工地活动，统一规范施工现场布局。发挥安全质量监控网络作用，加强安全质量的日常监查，采取定期与不定期检查方式，对施工全过程安全质量进行有效监控，及时发现问题，消除事故隐患。

（3）规范项目合同管理体系。项目管理是以实现合同目标和获取最大经济效益为根本目标的管理活动。因此，必须建立完善的合同管理体系，并将合同管理融入工程项目施工全过程。

### 1.2 落实项目管理措施

（1）在投标、签约阶段，建筑企业的重点是进行项目承包投标经营战略决策和投标运筹，关键是确保总体效益和利润的前提下中标、签约。

（2）谈判签约后进入施工准备阶段，优选项目经理，选用适当的组织形式，建立项目管理机构——项目经理部，明确职责权利义务，对施工管理的组织、内容、方法、步骤、重点进行预测和决策，分解确定阶段控制目标，以施工项目管理工作体系图、信息流程图的形式，制定项目管理制度，编制指导施工准备和施工组织设计，进行现场施工准备。

（3）施工项目采用进度管理、质量管理、成本管理、安全管理、现场管理等方法，加强施工项目的目标动态控制。对项目的人力资源、设备、材料、资金、技术等优化配置，实行动态管理。通过强化合同管理、信息管理等措施深化项目管理。

### 1.3 贯彻技术管理措施

技术管理措施是从技术经济角度深化项目管理，严格投资控制、进度控制和质量控制。

（1）项目部接受施工任务后，以设计文件、图纸等资料为基础进行技术准备，通过调查研究编制施工组织设计。应根据项目特点、工期要求，应用科学的计划管理方法确定施工方法，选择施工机械，制定施工方案。复杂的项目还应采用网络计划技术选定最佳组织方案。要制定确保工程质量及安全生产的措施，编制施工进度计划。大中型工程项目要严格执行监理制度。

（2）科学安排施工顺序。各个施工阶段之间应搭接合理，衔接紧凑。采用先进的施工技术，提高施工机械化、预制装配化水平，减轻劳动强度，提高劳动生产率。落实季节性施工措施，不要把会因为冬、雨季施工而带来技术复杂和造价提高的工程列入冬、雨季施工。平衡人工材料的需用量，提高施工的均衡性。

（3）不建议将新技术、新工艺应用于对本工程施工质量起关键作用的项目。不建议执行技术较为复杂、工人操作不够熟练的技术规范、操作规程。必要时单独编制施工作业设计。

## 2 落实项目经理责任制和项目成本管理

### 2.1 落实项目经理责任制

（1）项目经理是建筑企业法人一次性的授权管理者，是工程项目的最高责任人和组织者。项目经理是否合格是项目管理成败的关键，是确保项目在预算范围内优质完成并使所有项目干系人包括业主、员工、市民、行业主管部门、所在地政府等满意的关键。因此，实现项目管理需要一支懂法律、善管理、会经营、精技术、敢负责、作风硬、能公关的综合型的项目管理人才队伍。

（2）根据工程项目的地理位置、产值、利润的不同把项目工程分成重点项目和一般项目。根据项目类型，以责任书的形式明确企业对项目经理的责权关系，规定项目范围管理和项目风险管理，以项目的管理与控制为切入点，保证项目过程的连续性和完整性。重点项目，特别是能创项目品牌效应、利润较高的项目工程，实行目标管理综合考核，净利润由总承包公司与项目经理部按比例分享；一般项目因考虑到企业增加产值、拓展市场等因素，可采取承包制。

## 2.2 加强成本管理

（1）成本管理是现代企业增效的主要管理环节，也是项目管理的关键。目前，我们的成本管理还滞留于计划经济向以市场经济为主的转型期的薄弱点、瓶颈期，滞后于现代项目管理的要求。长期以来，由于国有施工企业内部的行政建制，企业内部相同的生产要素被行政手段人为加以分隔、分散管理，把一定力量的人力、物力固化在一定层次上，甚至一个项目上，造成大量的窝工浪费和闲置。施工中不注重成本管理，年末时把多个工程合在一起结算，虚账真算时有发生。数据不准，成本不实。深化成本管理，必须建立独立的项目成本核算机制。

（2）成本管理的关键是控制材料成本。目前，主要有以下两种成本管理模式：一是项目部在拥有用人权的基础上，直接控制材料、设备的采购，且企业建立健全相应的监督制约机制，对项目部进行管理控制。建立健全监督制约机制，是项目工程质量和项目健康运作的必要保证。二是材料采购等资源配置基本上仍由企业各部门分工合作管理。工程项目在合同评审时，经营预算部门审核购料合同的付款方式，物资材料部门审核供料单位资格，技术部门审核材料的质量、功能。材料采购采用市场招标制。这样层层把关设卡，基

本上形成了严密的成本控制网，堵塞了企业效益流失的漏洞。

（3）成本控制要加强作业层、过程、人工费、机械费的控制。作业层的控制是成本控制下的两种模式的基层程序控制。根据施工要求，项目部将项目指标下达各职能部门及施工作业层，使指标落实到上至项目经理下至施工作业人员每个人头上，保障指标责任人人有、成本重担大家挑，杜绝资源不合理配置的浪费现象。建立考核制度，严格财务制度和内部审计制度，使项目部成本的运作始终处于监控之中。根据项目的不同，以国家定额或以企业限定额为基础采用多种形式的承包。人工费按单位建筑量一次性包干，避免了过去人工费支出重复计价、随意计价的现象。在企业内引入市场机制，对机械设备、生产设施建立起内部租赁市场，变过去的无偿使用为有偿使用，实现机械费用的成本控制，扣紧成本管理每一环。

### 3 保证工程质量和工期控制

工程质量和工期控制是项目管理的重要目标。工程质量目标是建筑企业的生命线，工期控制目标又直接影响到建筑企业的信誉和效益。

### 3.1 提高工程质量

提高工程质量，首先要转换企业经营机制，理顺企业和项目的关系，真正形成企业主体对项目的约束关系。加强项目管理，提高工程质量，必须坚持施权到位，管理到位，责任到位。要求每个工程开工前，把质量保证体系，包括组织、责任、监控、经济约束体系落实到位。

提高工程质量，还必须要建立一支高水平的项目经理队伍。项目经理应在懂业务、善管理的同时，既要能抓住项目管理重点，又要能充分调动项目部的积极性，全方位抓好工程质量。

### 3.2 确保工期控制

项目工期控制是通过施工进度控制来实现的，一般采用倒排工期的方法。根据具体的项目工程按层次编制施工组织设计总体方案，从技术上进行施工方案、施工工序分析，确定详细的施工计划，并分解细化，形成多层次的工程施工计划，总体进度计划，月、周、日进度计划等。应在施工计划实际实施过程中不断地进行进度监测、检查和调整。应采取有效的组织措施、技术措施、经济措施、合同措施等配套措施进行控制，形成以小计划的完成保大计划的实现的管理体系，实现项目的合同工期。

总之，建筑企业必须进一步深化产权制度改革，实现企业重组，创新企业内部经营分配机制、用人机制，加强对项目经理进行工程现代化管理知识培训，理顺和建立工程项目总承包、专业分包，劳务发包的总分包管理体制，实现建筑施工组织结构和承包方式的根本性改革，逐步与国际惯例接轨，为建筑企业抢占国内市场、进入国际市场竞争创造条件，促进企业的持续发展。

（发表于《科技资讯》2007年第11期）

# 浅议建筑工程造价管理与控制

工程造价管理与控制工作涉及工程项目的全过程，涉及与工程有关的各个要素，涉及业主、承包商的利益，涉及建设单位、施工单位、设计单位、咨询单位的关系。另外十分重要的一点是，工程造价管理与控制是一项不确定性很强的工作：在项目实施过程中，会出现许多不可预见的事，而对这些事项的防范，不仅要靠投资的控制，更需要工程造价管理与控制。

强化工程造价管理与控制以确保建设工程进度、建设工程质量的理念，应渗透贯穿于工程项目从可行性研究到工程竣工决算的全过程。如果工程造价管理与控制在哪个环节减弱、失控，就可能造成价格与价值相背离。价格高于价值会影响工程投资效益的发挥；价格低于价值则会造成工程质量低劣。由此可见，工程造价管理与控制工作的好坏，直接影响着建设工程进度的快慢和建设工程质量的好坏。

## 1 当前工程造价管理存在的问题

### 1.1 建设单位的问题

许多建设单位在工程建设过程中，往往只注意到施工单位"吃投资"影响了工程造价，而忽视自身的管理水平对工程造价的影响。

（1）未建立专业化基建管理班子。建设单位通常对其基建管理

部门人员专业素质缺乏足够重视，基建任务重时，就临时从其他岗位抽调一些非基建管理专业人员；基建任务轻时，这些人又返回原岗位，致使自身基建管理长期处于较低水平。

（2）缺乏经济意识，轻视经济核算。建设单位的基建管理部门由于缺少专业的工程经济方面的人才，加之将主要精力放在现场施工管理上，所以对工程建设费用核算不力，多是依靠审计部门或造价咨询公司审定或随意认可施工单位的预决算。

（3）电子核算意识不足。电子计算机已在我国工程建设领域普遍采用，但仍有一些建设单位在编制标准、审查工程预决算时不同程度地依靠人工操作，不仅速度慢，给决策造成不便，而且错误较多，不能迅速、准确地排除工程预决算中的费用"水分"。

## 1.2 设计单位的问题

（1）为了多收取设计费，人为提高设计概算。现阶段设计单位的设计费是按设计概算的一定比例提取的，概算额越高，取费就越高。一些设计单位为了多算设计费，人为扩大投资规模或冒算投资额，从而提高工程造价。

（2）设计图不规范，使工程预决算的弹性区间增大。有些设计人员为追求本单位和个人经济利益，设计出的施工图纸不规范，建筑图无主要材料表、结构图不列钢筋表，不画细部，而让施工人员自己去标准图集中查找等，使原设计的施工图失去其作为编制预决算的标准的作用。

（3）随意提高设计标准。有些设计人员盲目与国外攀比，追求大、洋、全，为体现出自己的创新理念，不看对象，随意提高设计标准，搞一些脱离国情的设计方案。比如，将共享空间、商业建筑引入学校建筑。虽然金碧辉煌，但对特定环境不符；又如，在某种

情况下只需一等品材料即可满足要求，却选用特优品，结果大大提高了工程造价。

（4）设备、器具的规格和产地选择不合理。有些设计人员对先进的或重大的设备不做必要的市场调查，设计选用时，要么凭感觉，要么取决于收受厂商好处的多少。有些设备、器具在本地或周边地区都有符合要求且质量较好的品牌，但却选用地理位置很远的或质量一般的产品，额外增加了长途运输、损耗以及后期维修保养等费用。

### 1.3 施工单位的问题

施工单位普遍存在经济效益较差的现象，有人把它们归咎于政策性因素。

（1）多算工程量。在费率、定额确定后，工程造价由工程量的大小来决定。工程量增大，不仅使定额直接费提高，而且提高了工程的取费基数。比如，有意增乘一个大于1的系数；利用定额界定模糊，将一个子目里包含的工作内容分解成几个子目等。

（2）巧钻空子。有些预算中有意"笔误"，比如，点错小数点位置，成倍扩大取费额；写错数字，将1写为7，3写为8。或者张冠李戴，低价高套，如定额中规定用某处低价钢套管，编制预算时却故意套用高价钢套管，赚取差价。

（3）在施工资质级别上做文章。目前，在计取劳动保险费用时，是按企业资质级别分列不同费率。有些施工单位在计费时，采用高于自身资质级别的费率或将工程转给低资质级别的施工单位施工，从中收取差额。如此，不仅工程质量不保，而且造价提高。

（4）套取材料差价。在数量多、金额大的材料的质量等级上做文章，以套取差价。鱼目混珠，以次充优。施工单位由于知道施工图设计留有安全系数空间，故采取降低材质等级、赚取差价；利用

图纸变更，低价高算或多算少减。

### 1.4 审计部门的问题

现阶段在工程建设领域，对工程预算进行审查与控制的权威机构是审计部门。工程预算一经审定，即是甲、乙方进行财务结算的依据。审计部门业务范围大、工作任务多，审核难免不及时，加上对工程施工过程不能详细了解，不能准确有效地销去工程预算中的"水分"费用。个别审核人员甚至为满足私利，而与施工单位串通一气，只要施工单位给些好处，核减多少都可商量。这些都致使一部分建设资金流入施工单位或个人腰包。

## 2 工程造价控制

在建设程序的各个阶段，对工程造价的控制可以从以下几个方面着手。

### 2.1 建设工程决策阶段的造价控制

决策阶段是对建设方案进行技术经济比较选择及做出判断和决定的过程。决策的正确性是造价合理性的前提，决策内容是决定造价的基础，决策的深度影响投资估算的精确度，进而影响造价效果。因此，在决策阶段充分考虑合理规模效益的同时，应充分注意建设标准水平的确定、建设地区和地点的选择、设备的选用、生产工艺和平面布置方案的确定等因素，进行深入的可行性研究和准确的投资估算及系统缜密的财务评价。

### 2.2 建设工程设计阶段的造价控制

工程造价控制贯穿于项目建设过程，工程造价控制的关键在于施工前的投资决策和设计阶段，而在项目做出决策后，控制造价的关键就在于设计。建设工程全寿命费用包括工程造价和工程交付使用后的经常开支费用及该项目使用期满后的报废拆除费用等，设计

质量对整个工程建设的效益是至关重要的。设计是实现技术与经济有机统一的重要环节，也是控制造价的关键。据专家研究，设计对造价影响程度在75%以上。因此，在设计阶段运用价值工程优化设计方案，是控制造价的必不可少的手段之一。而加强设计概算的编制和审查，注重施工图预算的编制与审查，实行限额设计同样是控制造价的有效举措。

我们从近几年某地发生的一起实例或许能得到一些有益的启示。由于勘查设计阶段的失误，某地建设的一座投资数亿元的现代化水厂在竣工验收时，发现出厂水中所含铁、锰元素严重超标。无奈之下，对已"竣工"的工程重新设计建造除铁滤池，引起工程造价失控。为防止已建成设施锈损，不得不经常进行无效益"试运行"。虽最终解决了问题，但仍造成了一定经济损失。长期以来，我们往往把控制工程造价的主要精力放在施工阶段，但毕竟是"亡羊补牢"。要有效控制工程造价，尤其应抓住设计这个关键阶段。

### 2.3 建设工程招投标阶段的造价控制

招投标实质上是一种市场竞争行为。形成由市场定价的价格机制，能不断降低社会平均劳动消耗水平，实现生产力资源优化配置，使工程价格得到有效控制。招投标机制便于供求双方更好相互选择，使工程价格更加符合价值基础；同时有严格的程序和高素质专家参加决策，能减少交易费用，节省人力、物力、财力，为合理控制工程造价奠定了基础。我们应坚定不移地在勘查、设计、施工、监理及与工程建设有关的重要设备、材料的采购方面推行招投标制，建立健全招投标法律体系，改进招投标工作，强化监督与服务等。

### 2.4 建设工程施工阶段的造价控制

要慎重处理工程变更和合同价调整，认真搞好资金使用计划的

编制和控制工作，并注意工程价款的及时结算。

### 2.5 竣工后的费用控制

为了确保建设项目工程质量，降低生产或使用费用，发挥最大投资效益，监理及造价工程师应督促设计单位、施工单位、设备和材料供应单位，认真做好保修工作，并加强保修期间的投资控制。

### 3 结　语

综上所述，我们不难发现，工程造价的控制是一项系统工程，不仅要加强工程造价的全过程动态管理，而且要注重技术与经济相结合；同时要强化项目法人责任制、工程建设监理制，完善有形建筑市场、规范价格行为，维护各方的经济利益。在过去，政府有时为了用有限的财政资金建成更多的工程项目，趋向于压低建设工程造价，使建设中的劳动消耗得不到完全补偿，这虽有利于按宏观经济的要求调整产业结构，但也会严重损害建筑等企业利益，造成建筑业萎缩和建筑企业长期亏损，同整个国民经济发展不相适应。在市场经济中，工程造价在围绕价值的波动中实现对建设规模、产业结构和利益分配的调节。通过造价控制，可实现提高投资效益，从而推动全面经济增长。

（发表于《科技与企业》2007年6月第11期）

# 建筑施工的技术难点及改进对策

在建筑施工过程中有诸多元素会影响到施工质量，分析建筑施工存在的技术难点，找到对应的解决策略，能够有效提高建筑施工的质量水平和效率。建筑施工是从设计到落实的一个环节，真正实现由理念到现实的转化。建筑施工包含不同的方案、不同的项目。本文探讨在建筑施工过程中主要存在哪些难题，以及如何攻克这些难题。

## 1 建筑施工的技术难点分析

### 1.1 基础建筑施工的技术难点

基础建筑施工包括对桩基和深基坑的施工，对施工者要求较高，对地基承重方面的技术有严格的要求。再加之，制造预制桩时会产生较大的噪音，会给工人带来影响。桩基施工时，施工者需要选择桩锤，安排顺序，检查、控制打桩机质量以及掌握打桩设备的使用方法。在施工时需要特别注意静力压桩的使用范围，掌握程控方法。选择泥浆护壁成孔机械设备时也需要考虑实际需求，对施工方法和质量严格监控，最为重要的是掌握套管成孔灌注桩和人工挖孔灌注桩的施工工艺。这些都是基础建筑施工的技术难点。

### 1.2 土方工程施工的技术难点

在土方施工过程中，土地的性质非常重要。但是，在施工时这却也不容易测定，会存在很多干扰因素。施工者需要确定土方边坡

坡度，分析影响土坡边坡稳定的因素，以保证建筑的稳定性。基坑的支护结构、施工工艺等问题都需要根据实际情况灵活应对。除此之外还有集水坑的土方工程，会应用到的机械有推土机、挖土机等，它们的性能特点、操作规范都是常见的技术难点。

### 1.3 砌筑工程施工的技术难点

砌筑工程施工的技术难点主要体现在施工工艺和质量，施工人员需要分析影响建筑稳定性的因素及保证建筑物质量的措施。如脚手架是建筑施工的常用工具，需要认真分析如何设置才最为稳定。

### 1.4 混凝土工程施工的技术难点

混凝土工程施工的技术难点在于现浇结构基本构件模板的构造、安装、拆除。这一系列工作需要与施工设计保持步调一致，要求施工人员了解各种连接方法，如对焊和电弧焊。不同的焊接方法有其固定的质量要求。同时，施工人员需要掌握混凝土浇筑的具体方法，并对施工后的缝合后浇带情况进行分析。

### 1.5 防水工程施工的技术难点

防水工程属于建筑施工的最后环节。其难点在于了解混凝土的原料，了解其发生渗水等问题的情况。渗水问题有时并不能及时发现。正如在普通住宅楼经常遇到的，新的建筑物很容易出现渗水的问题，尤其是顶层，这就十分考验施工时的操作模式和材料的选择。

## 2 建筑施工的技术改进对策

### 2.1 重视人员的技术培训

建筑施工依赖于人和设备，但是设备也需要人来操作。因此，在建筑施工中"人"是不可忽视的重要元素。在此，可以将"人"划分为技术人员和施工人员。只有重视对员工的技术培训，才能实现高效攻克建筑施工技术难题。

（1）对技术人员组织专门的培训。对技术人员的施工设计能力进行提高，使他们能够根据实际情况设计更为理想的方案。在培训时要坚持案例与经验并重，即在培训时可以收集在建筑领域较为成功的典型案例进行宣讲。建筑施工虽然最后由工人落实，但是设计与最终取得的效果是密不可分的。一方面，对于案例的分析，应该深入、彻底，让每一个员工真正融入讨论环节中，分析成功设计的与众不同之处。同时，也需要关注失败案例，从失败的案例中吸取教训，分析失败的原因，用他人的错误减少自己的试错成本。另一方面，要进行经验分享。可以从本公司经验较为丰富的技术人员中选取几人进行经验分享，然后组织自由提问和讨论。在这样面对面的交流中，技术人员可以及时分享心得、提出疑惑。而且，现场交流能够让技术人员们有更多思想的碰撞，产生更多新的想法，突破之前的思维困境使得自身能力有较大提升。也可以从其他公司邀请优秀的员工分享经验、组织培训，借助外部的资源实现共同进步。在此更需要提及的是，需要重点培训员工的"转换"意识，即要求员工可以根据不同的地理环境设计不同的施工方案，否则千篇一律地直接套用过去的成功方案，也会出现不适应的问题，影响施工效果。

（2）对施工人员组织专门的培训。建筑的施工人员大多没有接受过正式的培训，他们更多是农村务工人员，仅仅依靠体力完成施工任务。正是因为没有接触过正规的训练，所以在一些操作流程上会出现一些问题。他们习惯于依赖个人经验，长时间不更换工作模式，效率可能达不到目标。在对施工人员培训时，要从基础入手，培训施工流程、操作方法以规范工人的操作，提高工作效率。

无论是对哪一个类型工作人员的培训，都需要制定对员工的考

核体系。只有考核才能够考察员工在培训以后是否发生了实质性的变化，有了提升；也可以以此来鉴定培训的设置是否合理，不断改善培训方案，尤其是在实际培训过程中产生的一些问题是否已经解决。不仅要考核理论知识，更要考核实操。在每次培训以后通过实际操作考查技术人员的设计是否发生变化，考察施工人员的操作过程是否已经有意改变。由于一些工作人员长期以来养成的工作习惯工作组的操作的规范一时之间难以改变，因此需要依靠外力的监督来实现。

## 2.2 重视建筑施工的质量监控

保证建筑施工质量最为有效的方法就是对施工进行整体的质量管控，将责任落实到个人，保证每一个工作人员都能够履行自己的监督义务。在员工自我监督的基础上，还要组织专业的监控团队，让工作人员能够依靠外在的监督实现工程质量标准。通过内力和外力的结合，让员工在实际工作中能够规范自己的操作，运用规范的材料。有些商人为了能够从中获取利益，采用不符合标准的材料，这时候就需要其他工作人员坚守自己的责任心和工作职责，及时发现存在问题的材料并举报补救，防止造成更加严重的危害。在进行质量监控时需要注意以下几个方面。

第一，责任落实到个人。只有每一个人真正做到明确自身的职责、有足够的责任感，才会完全按要求完成自己所应该承担的责任，否则就会抱有"搭便车"的侥幸心理，认为发生问题也不会追究到自己，这种侥幸心理易使得工程出现质量问题。第二，实行"连坐"机制。即一个人出现问题，整个团队都要受到牵连。虽然这种方式对于很多人来说是非常严格的，但不可否认的是，它能够从上到下提高参与建筑施工的每一个工作人员的责任意识。第三，重视制度

设计。质量管控方案要分为定期和不定期两种，就是除了常规的质量监控的检查外，还需要设置不定时的抽查，避免工作人员应付公事，在检查时提高工作标准的问题。在施工过程中，一些材料使用以后是很难分辨出来的，一旦发生问题便需要花费更多的时间和精力去弥补。通过这种不定时的质量管控机制，可实现有效利用每一个人的高度警惕性和责任心来突破施工过程中的技术问题。

总之，在建筑施工过程中存在很多问题，不同的设计方案出现的问题也不相同，技术人员需要依据个人的工作经验去解决这些问题。然而从整体上看，这一系列问题的解决都要从施工队伍出发，关键在于提高工作人员整体的素质。

（发表于《科技与财富》2020年第34期）

**参考文献**

[1]谭勇.建筑工程施工监理工作的难点及应对措施[J].江西建材,2015(21):113-114.

[2]王志圣.建筑工程施工监理存在的问题及对策[J].信息化建设,2016(1):359-360.

[3]汤霖.探析建筑工程施工监理难点和解决措施[J].科学中国人,2016(5):68.

# 浅析建筑施工技术管理的优化措施

随着城市化进程的不断加快，各地区建筑施工也有序开展，房地产等建筑性行业在区域经济发展中占据着重要地位。与此同时，许多建筑企业也在经济发展黄金期应运而生。在行业竞争趋向白热化的今天，与时代接轨，借助先进的施工技术与合理的管理方法能有效提高企业的核心竞争力。在施工过程中需要关注安全施工及高效施工两个工程制约因素，通过加强施工安全宣传，落实安全保障措施，提高人员安全意识，结合"互联网+"共赢模式，发展企业建设核心技术，有效提高工程效率。

## 1 完善建筑施工技术管理体系

在建筑施工行业中，主流的方式是由总承包商竞标再分包给建筑工程队，这样就导致双方在经济实力和技术实力层面出现断裂层。因此建筑施工队应积极开展管理层面的转型，明确建筑施工队人员流动性大的特点，总承包商分派技术单位建立专业部门开展施工技术指导工作，形成灵活合理的施工技术管理体系。

完善自主施工技术管理体系时，总承包商应通过互联网工作框架的构建，将各单位主体责任进行细化分配，以电子公示的方式让建筑各部门了解施工过程中承担的主体任务及完成工期。基于建筑施工人员多为流动性的务工人员的现状，在工程施工管理中，施工

单位的人力资源部门应及时做好各部门人员协调工作，通过人员轮岗调动等工作保证各部门人手的均衡性。一方面，为落实工程质量，总承包商进行施工技术管理体系方案制定时，需要将各部门的责任落实到负责人，由负责人进行牵头，有效落实管理工作，总承包商定期派技术质检人员对项目工程完成进度、质量进行抽样调查。对于违反工程质量的部门，应利用批评信息化公示的手段，让其他部门引以为戒，以保证工程的质量。另一方面，为了培养施工人员与时俱进的工程项目管理意识，施工总单位可以以线上会议等方式对人员进行定期培训，保证其掌握先进的管理技术，以便合理开展各部门间的协调合作及本部门任务分配。

## 2 加强建筑项目施工单位的监督管理制度

建筑项目工期长，安全隐患大，在质量要求方面也存在着严格的标准。因此为实现建筑项目技术管理的完善，总承包商和建筑施工队应加强对施工单位及各部门的监督管理。项目施工技术在施工前期到中期以及最终的验收环节中都要以文件的形式体现，突出对建筑项目施工单位监督管理的重视。

在前期准备阶段，需要在不同的工作方案中因地制宜地设定科学的施工进度计划，评价施工过程中各风险因子对工程的影响，以施工单位合作会议的方式制定科学经济的施工方案，缩减建筑施工工程成本，提高资金利用效率。在工程施工中期，质检部门和监督部门应联手加强把控施工安全管理，定期开展人员安全教育及应急逃生方案演练，同时监督部门可以针对工程进度和质量进行合理评估，以不定期抽查的方式提高各部门施工人员的施工警觉性。针对监督过程中出现的违规行为，相关部门也应制定明文条款，对违规

操作与操作不规范的工作人员进行公告批评。

### 3 民主评议施工技术管理体系

传统施工技术管理内容在制定和决议过程中，主要由总投资商和分包单位进行相互沟通，各部门对于项目技术管理体系缺乏表意权。但在实际工程项目开工期间，各部门却是施工项目管理的实施人员，因此为了让管理体系更贴近于实践，而非纸上谈兵，在建筑项目技术管理体系方案制定过程中，应结合民主评议的方式广泛采纳各部门人员的意见。

比如在工程项目阶段化工期设定时，一方面，需结合施工计划细化工程节点，由有相关从业经验的技术人员充分利用互联网技术，对不同阶段的完成率进行统计和评估，制定科学高效的项目工程进展方案；另一方面，计划制定过程中涉及国家出台相关规范与政策条文解读时，可以向有法律背景的从业人员请教法律条款的实际应用，严格执行相关规范开展标准化施工。

在建筑施工技术管理过程中，人力资源部门需按照工作框架，将各岗位的责任与工作内容及时传达给各部门的负责人员，细化岗位责任制及奖惩制度。

最后，应总结各部门的意见，并在实践经验的指导下，将方案内容完善为趋向于人性化及操作化层面。

### 4 细化施工技术管理计划图表

为实现建设过程中指标的有效进展，保证建筑建设质量，控制各原料在施工过程中的投资成本，建筑施工单位需要编写明确的计划表，并按照各阶段工程量的评估结果制定合理的执行计划时间。同时建筑技术施工队在建筑施工图纸的绘制和打印过程中应进行多

次复核，各个部门在传递过程中应通过信息加密无损打包的技术，确保图纸结构的完整，否则各部门在图纸传递和管理中存在的微小差异，都可能会为后续工作的协调埋下隐患，造成返工。同时在施工项目管理计划图表公示过程中，需要留一份进行电子存档，避免后续工程施工中因单方疏忽造成工程延期或返工。企业可以及时通过电子备份进行人员追责，避免由于文件的混乱导致建筑施工承包商承担不必要的损失。

## 5 结 语

项目施工建设过程中，存在着许多影响管理过程顺利进行的因素，因此在工程技术管理体系构建环节中，需全面综合考虑各因素的影响及制约关系，从建筑工程市场性的特点不断完善管理体系，实现建筑工程管理的精细化，为建筑工程的质量提供坚实的保障。同时基于建筑项目高危性的特点，企业还可以根据项目环境和特点，从多方面落实安全保障制度、安全方案和异常工况演习，有效避免安全隐患。制度落实、人才队伍建设和方案细化各方面多管齐下，才能实现工程建设安全性的稳步提升。

（发表于《建筑工程技术与设计》2020年第34期）

**参考文献**

［1］李长伟.钻井工程项目管理探析［J］.化工管理,2016(6):220.

［2］陈小莉.论建筑工程项目管理［J］.住宅与房地产,2016(12):170.

# 现代建筑工程技术研究与应用

## 1 引　言

结合当前我国建筑施工企业快速发展的背景，建筑工程管理对于项目的成本、进度、质量以及安全目标的控制都具有重要意义。只有充分发挥好现代建筑工程技术管理措施，才能实现预期的高质量建筑项目要求。本文结合工程实践经验，重点探讨了建筑工程管理中现代工程技术的作用，并论述了现代工程技术在建筑材料中的应用。

## 2 现代建筑工程技术在建筑工程管理中的重要应用

### 2.1 实现对施工现场的快速统计

施工现场管理具有较强的复杂性，借助现代工程技术的优势，能有效快速得到施工现场的具体情况。项目管理者能从整体上快速合理地进行分工安排，并对于具体的项目内容进行实时监测，且能在短时间内处理突发情况。在与工作人员及时合理沟通的情况下，快速实现方案优化调整，从而满足效益最大化的要求。借助现代工程技术的优势，能结合项目的实际情况，有效实现分类保存各类资料，在存在问题的情况下进行数据的及时调取，实时化检测不同区域的工程质量，及时调整和优化施工参数，满足工程项目的质量要求。

## 2.2 保证资料统计的准确与快速

大量的现代化信息技术应用在建筑工程领域中，能有效快速实现较为完整的统计，实现高效的数据处理要求。建筑施工领域具有一定的复杂性，所涉及的数据类型较多，数据处理容易出错，借助信息技术的优势，能有效保障数据的正确率及精准度，从而严格控制好人为误差。

## 2.3 能够进一步提升管理效率

在建筑施工环节中，应结合实际需求来进行优化，特别是建筑材料以及人员分配的优化。一定要保障管理者合理进行安排，否则，容易造成施工进度受到影响，难以实现预期的工期要求。借助现代工程技术的优势，能有效控制成本，全方位保障工程质量，从而满足建筑利益最大化的要求，保障建筑施工单位的可持续发展。

## 2.4 应用业务流程重组技术

结合建筑施工管理的具体环节，业务流程重组技术并不复杂，大都是能结合施工现场实际情况，有效实现资源的优化整合，从而更好地符合施工要求。充分借助这项技术的优势，将其应用在工程管理项目中，全方位采用先进的管理理念，从而更好地发挥建筑项目中每位员工的作用，以保障各个环节相互协调发展，进而实现全方位保障工程项目的安全质量要求。

## 3 现代建筑工程技术在材料中的应用

### 3.1 节能门窗

结合当前的建筑工程结构发展情况来看，门窗是建筑项目中不可或缺的重要内容，其主要是进行建筑内外的热传导、热交换，这必然意味着产生建筑能耗。为了满足低碳绿色发展的要求，在节约能源的原则下，应尽量采用节能门窗，这样对于建筑业的节能发展

具有重要意义。对建筑内部的热量损耗进行分析，耗热方式主要为内外的空气流动和门窗的传导，这就需要考虑到门窗材料的特殊性，以保障其具有较强的隔热能力。另外，可使用发泡材料等进行缝隙填补处理，以保障门窗的密封性得到提升，有效控制内部热量流失。

### 3.2 新型墙体材料

当前，新型的墙体材料层出不穷，主要涉及板、砖和块等三类。结合实际的工程项目来看，施工实践中主要采用空气混凝土的板材和复合板。在进行材料选择过程中，要求负责人员在充分的市场调研的基础上，熟记市场价格，落实具体材料的质量情况，结合工程技术优势来进行科学合理的统计分析，通过对比判断，从而选择符合实际需求的工程材料。在此基础上，应重视材料采购以及后续安排，避免造成施工进度延误。另外，应重视现场的抽样检查工作，避免鱼目混珠。管理人员应结合存储条件及实际情况合理安排，避免造成材料损失，实现建筑企业的经济效益最大化要求。

### 3.3 屋面节能保温材料

屋面节能保温材料对建筑节能有着重要的影响。将节能保温材料设置在建筑的防水材料和屋面之间，可表现出较高的隔热性能，还能实现预期的环保要求，从而在建筑领域中得到了广泛的应用。在进行墙体的保温处理时，应充分发挥好现代工程技术的优势，有效结合外界环境的变化，进行动态化的数据分析，并结合实际环境来进行施工方案的分析，从而有效控制好工程造价。其中，自保温体系可以结合工况以及项目的特点细化为不同种类，这样可以结合环境的具体需求来进行合理化选择，有效控制项目成本，实现预期的节能要求。

## 4 结　语

综上所述，在建筑工程施工领域中，充分利用现代建筑工程技术的优势，不仅有助于合理选择材料，还能有效满足项目成本控制的要求。借助建筑工程技术的优势，有效实现系统化的整合处理，便于进行数据库内部相关建筑数据的存储以及分析，有利于建筑项目的高效管理，是不断推动我国建筑企业可持续发展的必然之路。

（发表于《建筑学研究前沿》2020年第17期）

**参考文献**

[1]付广元.现代建筑工程技术发展趋势研究[J].甘肃科技,2019(13):94-95,75.

[2]武丽娟.加强现代建筑工程技术管理,提升建筑企业经营管理能力[J].科技与企业,2015(13):61,63.

[3]李毅.现代民用建筑工程节能技术探析[J].低碳世界,2019(7):241-242.

[4]王媛媛.现代民用建筑工程节能技术探析[J].建筑节能,2017(10):96-99,123.

# 建筑工程施工中精细化管理的思考与分析

　　社会经济不断发展，建筑行业发展规模逐渐扩大。在建筑工程施工中利用精细化管理模式，有利于提高施工管理工作的规范性，最大限度满足建筑工程施工管理要求。但是在各方面因素的影响下，在建筑工程精细化管理中还存在一些问题有待解决，施工单位需要深入分析精细化管理的问题，提出针对性的应用措施，更加全面地渗透精细化管理理念，提升建筑工程施工管理水平。

## 1 概　述

### 1.1 精细化管理的概念

　　精细化管理是一种现代化管理方法，要求工作人员结合实际情况合理选择管理方法，提升社会服务的精细化，减少发生施工质量问题。精细化管理具有规范性和个性化等优势，在实际管理过程中需要结合科学管理和细化操作等，才能顺利实现管理目标。开展精细化管理工作的过程中，需要结合发展目标，不断提高企业服务质量；需要详细地规划每项施工环节，有序开展施工作业，避免发生施工问题；需要在全局角度出发，重视每个施工细节，优化整体施工效果；需要合理划分工作人员的职责，优化配置各项资源，避免消耗人力资源和物力资源；需要实时监督施工作业，及时处理问题，顺利开展施工工序。

### 1.2 必要性

在建筑工程施工中，精细化管理工作发挥着重要的作用。在建筑工程施工中很容易发生问题，为了保障建筑工程施工质量，需要开展精细化管理工作，从而提高整体施工质量，优化整体施工效果。精细化管理可以从全局角度出发，有效解决施工问题，从而保障施工质量。在开展精细化管理工作的过程中，工作人员可以结合工程要求完善管理体制，降低问题发生率。开展精细化管理工作，可以结合施工过程合理调整工作内容，避免利用单一的管理模式，优化整体管理效果。

## 2 建筑工程施工中精细化管理存在的问题

### 2.1 具有较多的安全隐患

在建筑工程施工过程中存在较多的安全问题，一些施工人员缺乏安全意识，不利于保障施工过程的安全性；施工单位没有开展足够的培训和安全教育等工作，未能有效减少安全事故，不利于保障建筑工程的综合效益。

### 2.2 施工质量不符合标准

很多施工单位开展建筑工程精细化管理的目的是追求经济效益，因此不够重视施工质量管理工作，无法提高整体施工水平，影响建设企业的整体形象。在建筑工程施工管理过程中，如果没有严格控制施工质量，将会频繁发生各种质量问题，同时会增加后期维护工作难度，不仅无法保障施工质量，还会降低整体施工效益。在建筑工程施工管理阶段，施工单位若不检验完工的施工环节，易埋下安全隐患，导致建筑工程的施工质量受到影响。此外，有些建筑企业没有构建完善的监督管理机制，无法及时发现施工问题，导致建筑工程施工质量最终不符合标准，弱化了精细化管理效果。

### 2.3 缺乏安全管理意识

当前很多施工人员都非常重视施工质量，但是却缺乏安全管理意识。在建筑工程实际施工中，施工单位易忽视各种安全因素，而建筑作业有较大的工作量，再加上施工环境非常复杂，很容易发生安全事故。建筑行业的危险包括客观危险和主观危险。客观危险指的是施工过程中的由客观危险因素引发的事故，例如触电事故和机械伤害等。主观危险是因为施工人员综合素质不高，从而引发人为伤害事故。施工管理人员需要提高自身安全意识，完善安全管理体系，从而提高施工人员的安全意识。如果施工人员缺乏安全意识，将会忽视施工中的安全隐患，提高意外伤害的发生率。

### 2.4 施工材料管理不合理

针对建筑工程施工管理工作，一些建筑企业没有利用专业化管理模式。分析当前建筑模式可知，主要形式为高层建筑和超高层建筑，如果用传统的施工管理方案，将会影响施工材料的管理效果，还会限制建筑工程施工效率。建筑工程施工管理工作比较复杂，管理人员不仅不够重视施工材料管理工作，还存在材料滥用问题，影响建筑企业的综合效益。

### 2.5 施工效率较低

在建筑工程施工中，如果整体施工效率比较低，无法如期交付工程，将会影响到建筑工程的综合效益。一方面，管理人员需要加强管控各项施工环节，若选用的施工材料不符合施工质量标准，引发施工返工，则会降低整体施工效率；另一方面，若在施工现场随意堆放施工工具和施工材料等，影响施工现场的有序性，或者没有维护施工设备和工具，使得在实际施工中频繁发生施工故障，降低整体施工效率，则无法保障工程工期。此外，在建筑工程施工管理过程中，

各部门之间缺乏沟通，互相不了解工作需求，也会影响到施工工期。

## 2.6 管理规划不科学

一些管理人员过于重视施工进度，但是没有明确不同施工阶段的工作目标，制定的规划不够科学，为了保障整体施工进度而不断缩短工期，反而提高意外事故的发生率，延误整体工期。因此建筑企业需要不断完善规划管理体系，辅助施工人员制定科学的工作计划，合理分配施工任务。如果缺乏科学的管理体系，将会影响到施工管理工作的有序性，整体工作进程也会受到影响，不利于顺利开展规划工作。还有的企业规划工作存在漏洞，再加上建筑工程管理工作比较复杂，很容易产生管理漏洞，导致整体管理效率受到影响。一些建筑企业不够重视规划管理工作，在实际工作中没有遵守相关管理制度。若现有的规划策略缺乏明确性，在实际工作中，则会导致工作人员不够明确自身工作职责，降低了实际工作的规范化，进一步增加了管理漏洞。

## 3 建筑工程施工中的精细化管理措施

### 3.1 施工准备阶段的精细化管理

建筑工程的施工时间比较长，整体施工量比较大，同时具有广泛的施工范围，因此在建筑工程的整个阶段都要贯彻执行精细化管理工作。建筑工程的第一环节为工程准备阶段，直接关系到后续施工，因此做好准备工作，有利于保障后续顺利进行。工程准备工作涉及很多计划性的内容，可以为后续工作奠定理论基础。在工程准备阶段利用精细化管理模式，有利于顺利开工。

在工程施工之前，施工单位需要考虑工程项目的特征和基本情况，因为不同的工程项目具有不同的特征，因此需要动态观察整个工程的变化，结合实际工程制定工程计划，同时需要开展工程计划

可行性评估，保障工程开展的有序性。设计人员需要全面分析建筑工程，融合工程施工要求和建设特色，严格执行相关标准，选择合适的设计方案。在选择施工图纸的过程中，要注意工程中可能会发生的问题，结合工程项目要求及时改正图纸中的问题，使其全面符合工程项目的要求，做好工程前期的精细化管理。在工程准备阶段，施工单位还需要合理选择施工材料。因为施工材料的质量直接影响建筑工程质量，所以施工单位需要严格把关施工材料质量，落实质量检测工作并加强控制材料成本，合理选择工程材料。选择施工材料的过程中，需要结合工程期限和工程总量等因素，避免浪费施工材料，有效控制整体成本，实现精细化管理目标。

### 3.2 保障施工进度和施工内容的精细化管理

在建筑工程施工中利用精细化管理模式，可提高建筑行业的标准化水平，同时可以保障施工管理质量。在精细化管理过程中涉及选材和设备安装等工作，当前一些施工管理模式无法满足施工要求，在实际工作中需要协调施工方和投资方的利益，建立最佳的行业关系，通过开展良好的经济合作保障整体工程效益。保障施工管理工作的科学性，要求工作人员全面熟悉施工环境，明确施工环境的特征和工作内容等，保障施工管理工作的质量。在施工管理过程中，首先需要明确施工要求，保障施工内容满足施工目标；其次需要结合工程施工实际情况和地理位置等条件，确定科学的计划方案，方案包括施工范围、主体结构以及风险预防等内容，通过把握细节提高整体施工质量。

落实精细化管理工作，需要管理人员利用完善的措施应对各种情况。首先，需要完善施工技术规范标准，同时制定施工质量评审标准，提高竣工验收的合格率，从而保障建筑企业的营利性。其次，

在实际施工过程中，需要加强规范管理施工管理人员行为和施工环节，同时约束施工人员的行为，从而降低整体施工质量管理难度。

精细化管理对施工管理人员提出了较高的要求，管理人员需要明确不同施工人员的专业特征，在前期工作中开展选拔培训工作，保障施工人员的素质符合标准，为建筑工程施工配置专业的工作人员。

### 3.3 施工过程的精细化管理

#### 3.3.1 施工质量精细化管理

在建筑工程施工中利用精细化管理模式，需要注重施工质量管控工作，构建完善的质量检验机制，完成每个施工环节之后立即开展质量检验，确保施工质量符合标准，达到标准之后再开展后续施工。在施工质量精细化管理过程中，需要落实责任制。如果发生施工问题，可以在第一时间确定责任人，提高问题解决效率。此外，需要详细地检测施工现场和隐蔽工程，从而保障整体工程质量。

#### 3.3.2 施工效率精细化管理

在施工过程中开展精细化管理，合理安排不同的施工项目，有利于提高整体施工效率，保障建筑工程的施工效益。在实际施工过程中，施工单位需要全面考虑施工情况和施工要求，并且要准备好施工材料和施工设备，为实际施工奠定基础。同时需要加强联系各个部门，了解各部门的工作要求，有序开展质量检查工作，从而及时解决质量问题，减少施工问题，提高整体施工效率。

#### 3.3.3 施工成本精细化管理

建筑企业加强控制施工成本，有利于保障整体经济效益，以便顺利开展下一个建筑工程项目。为了提高建筑企业发展水平，需要针对施工成本开展精细化管理工作。首先，建筑企业要做好项目预算工作，通过精细化管理方式，精细分析和核算材料成本、人力成

本以及工程管理成本等，保障整体施工质量的同时降低整体施工投入，从而保障建筑企业的综合效益；其次，要制定科学的施工计划，要求相关工作人员严格执行施工计划，加强控制每个施工环节，避免浪费施工材料，充分发挥出施工材料和人力资源的作用；再次，要完善工程施工管理制度，细化管理工程施工，根据建筑工程的规模和施工目标等合理分配工作人员，同时详细地划分每个工作人员的工作任务；最后，建筑企业需要完善员工工时制度，促使员工根据工时制度完成工作任务，利用上下班打卡的方式精细化管理建筑企业的员工，降低建筑人员的人力资源成本，在最大程度上保障建筑企业的综合效益。

### 3.3.4 施工安全精细化管理

建筑企业需要全面考虑建筑工程，充分评估工程风险，确定工程施工中可能会产生的问题，从而提出防治措施，提高建筑工程施工的安全性。施工单位需要做好安全防护工作，要求每个施工人员佩戴安全设备，例如在高空作业中需要佩戴安全带和安全防护设备，避免发生安全事故；在施工现场配置安全警示标语，时刻提醒施工人员建立安全意识，降低安全事故的发生率；定期检查施工设备，避免因机械发生故障而引发事故；定期检查施工过程中的安全风险，加强监督管理施工现场，及时消除施工隐患，提高整体施工的安全性。此外，施工单位还需要制定安全应急方案，如果在施工过程中发生事故就立即启动安全应急方案，在最大程度上降低负面影响。

### 3.4 施工材料的精细化管理

建筑工程施工的基础是施工材料，精细化管理施工材料可提高整体施工质量。建筑企业的材料管理人员需要根据施工要求，细化施工材料的精细化管理模式。施工材料管理工作包括材料选购、材

料存储以及材料施工等方面，只有做好这几方面的工作，才可以提高材料管理质量，顺利开展建筑工程施工。在选购施工材料的过程中，管理人员需要结合施工要求确定施工材料的限额，最终选择的施工材料要保障质量合格，同时要具有合理的价格，避免浪费施工材料。管理人员还要结合施工要求控制材料采购数量，从而降低整体施工成本。管理人员需要根据材料特征合理存储材料，在存储过程中还要定期检查材料性能，避免因为存储环境影响材料性能。而在实际施工过程中，施工人员需要严格遵守施工图纸的要求，合理投放和使用施工材料；上级管理人员要定期检查施工材料的使用情况，避免浪费资源。

### 3.5 竣工后的精细化管理

建筑工程竣工之后，建筑企业需要集合各个工作部门，全面核算工程物资和资金投入等方面，从而确定施工成本。开展竣工后的精细化管理工作，需要立卷管理各项施工资料，并提交到相关部门开展验收工作，以便及时发现资料中的问题，采取措施核算施工成本，提高建筑工程竣工结算水平，保障整体施工管理效果。

### 4 结束语

精细化管理在建筑施工中发挥着重要的作用。为了充分发挥出精细化管理的作用，建筑企业需要提高对精细化管理工作的重视度，在建筑工程施工中贯彻执行精细化管理模式，保障建筑工程施工质量，控制整体成本，顺利完成建筑工程施工任务，保障建筑企业的综合效益，实现可持续发展目标。

（发表于《工程建设标准化》2021年第13期）

**参考文献**

[1]龙银辉,白杨.精细化管理应用在建筑工程施工管理中的价值研究[J].砖瓦,2021(6):152-153.

[2]黄文伟.精细化管理在建筑工程施工监理中的应用研究[J].城市住宅,2021(3):215-216.

[3]王群芳,张连丰,杜鹏飞.试论建筑工程施工管理中精细化管理的应用[J].砖瓦,2021(3):87-88.

[4]吴杰.精细化管理在建筑工程施工管理中的应用分析[J].居舍,2021(7):129-130.

[5]张川.精细化管理在建筑工程施工管理中的应用分析[J].城市建设理论研究(电子版),2020(16):84,81.

[6]廖素娟.基于BIM技术的建筑工程施工安全精细化管理探讨[J].福建建材,2020(5):109-110,9.

[7]高德庆.建筑工程施工管理中精细化管理的实践策略[J].中国建材科技,2020(1):123,122.

[8]蒙达年.基于BIM技术的建筑安装工程施工阶段精细化管理[J].智能城市,2020(2):79-80.

[9]魏敬徽,陈英杰,王俊平,等.基于BIM技术的建筑工程施工安全精细化管理研究[J].建筑安全,2020(1):39-43.

[10]朱保华.基于BIM技术的建筑安装工程施工阶段精细化管理[J].居舍,2019(35):167,189.

[11]方艳.精细化管理在建筑工程施工管理中的应用探究[J].现代物业(中旬刊),2019(12):86.

# 「生态环境篇」

- ◆ 康养综合体规划环境影响评价思路的探讨
- ◆ 设施农业对生态环境的影响及防治体系
- ◆ 建筑工程消防设计分析与探究
- ◆ 建筑工程消防验收评判标准探析

# 康养综合体规划环境影响评价思路的探讨

随着经济发展水平不断提高，人们开始向往康养文旅生活，工作与生活的平衡成为都市人的追求。都市人旅游的首选是周末"微度假"，因此，在大都市圈周边兴建休闲度假旅游圈，为都市人提供田园生活平台成为未来的发展趋势。如今，都市居民日益重视健康生活，人们生活方式更趋于健康模式，"微度假"以田园康养为核心，成为周末旅游常态模式。在环境发展中，减量发展及生态发展成为主流。在此背景下，应打造康养综合体，并不断提升其有机开发运营的要求和标准。康养综合体的实质是综合利用土地实用功能，最大化满足人们生活与休闲的需要。设计与运营康养综合体时，健康理念应始终贯穿，并以健康宜居为导向营建社区，从而为实施"健康中国"战略夯实基础。

## 1 康养综合体规划的发展目标和总体定位

### 1.1 发展目标

康养综合体规划以内外部资源与优势为出发点，对康养度假示范区和田园特色小镇先导区进行打造，为建设大健康产业示范区发挥模范功能；塑造中式田园康养小镇，凸显悠远意境，使之成为旅游的标志性项目。

## 1.2 总体定位

打造能够实现养生度假，进行健康管理和运动休闲，进行田园观光，开展农事体验的田园康养小镇，是康养综合体规划的总体定位。康养综合体汇聚康养、亲子养老、休闲商务等为一体，能够满足全龄化需求，但以中产阶级全龄化群体的需求为主。

## 2 康养综合体的总体规划

（1）实施统筹规划，积极搭建平台，推进资源整合，实行整体运营，联合周边健康食品小镇等，实现共同发展，构建大健康产业集群。

（2）秉承振兴乡村、绿色发展思路，以中式田园文化为核心，将主导方向定位在"大健康产业"上，围绕"生态农业产业"开展联动，汇聚"田园康养、田园乡居以及田园旅游"为一体，打造特色产业体系。

（3）积极运用互联网，开展健康管理、健康旅游以及健康农业，推动智慧大健康产业体系的构建。所提供的健康管理服务源于大数据驱动，凸显出全生命周期性与全方位性特征。

（4）在功能布局上，结合国有建设用地指标情况，同时考虑好当前使用的集体经营性用地情况，有机组合好"一个中心、七大版块"。

## 3 康养综合体规划对城市环境的影响

任何事物的发展都是利弊共存的，康养综合体的规划也是如此。康养综合体在推动城市发展、振兴经济建设方面，发挥着重要的作用。但同时，规划与建设康养综合体，对城市环境会产生一定程度的影响，主要表现为以下几方面。

### 3.1 空气污染

客人的汽车尾气会对康养综合体造成一定的空气污染。同时，

大量的生活垃圾若不及时处理，散发异味，也会造成空气污染。

### 3.2 地表水污染

康养综合体布局和规划必须做到合理化，保证最大限度回收生产与生活中的废水，尽力让外排保持最低水平。

### 3.3 地下水污染

康养综合体是综合性服务场所，生活污水是综合体主要污水来源。因此在处理污水对，污水收集系统的规划和布置应注重凸显合理化特征，应让雨水和污水实现分流，使生活污水与地下水系统分离，避免污染地下水。同时将防渗漏装置安放到污水收集管网，设置在处理设施中。

### 3.4 噪音污染

（1）水泵房是重要的噪音来源之一。应将水泵房设置在地下室，且设置每个设备房间都是独立的，才能达到符合标准的降噪效果。

（2）KTV、影厅以及健身房噪音是另一重要噪音来源，应对这些场所采取隔音降噪手段，以免噪音超标。

### 4 结　论

规划和建立康养综合体可提升城市局部经济增长速度，是城市聚集和扩散功能得以实现的不竭动力；能极大缓解外部力量带给区域的经济压力，从而约束区域内人才等的对外流失，增强外部力量服务建设本区域经济的吸引力，提升城市功能的完善程度；还能推动城市面貌的改善，有助于城市示范作用的发挥，营造良好的城市投资环境，增强城市宜居水平，是加快城市发展和建设速度的有效保障。

（发表于《建筑工程技术与设计》2020年2月第6期）

**参考文献**

[1]杜淼.两类层次分析法的转换及在应用中的比较[J].计算机工程与应用,2012(9):114-119.

[2]陈航,寿智振.论规划环境影响评价的现状问题及建议对策[J].环境污染与防治,2010(10):106-110.

[3]傅盈盈,李国梁,王伟武.城市规划与PEIA的脱节现象与整合途径[J].建筑与文化,2010(6):104-105.

[4]曹东福,张元刚.中国规划环境影响评价发展研究[J].现代商贸工业,2010(7):28-29.

[5]曹广忠,白晓.中国城镇建设用地经济密度的区位差异及影响因素:基于273个地级及以上城市的分析[J].中国人口.资源与环境,2010(2):12-18.

[6]宁小莉.基于层次分析法的包头市城市生态环境质量评价指标体系构建[J].安徽农业科学,2010(4):1997-1998,2052.

# 设施农业对生态环境的影响及防治体系

设施农业，是在环境相对可控条件下，采用工程技术手段，进行动植物高效生产的一种现代农业方式。设施农业涵盖设施种植、设施养殖和设施食用菌等。设施农业从种类上分，主要包括设施园艺和设施养殖两大部分。设施园艺按技术类别一般分为玻璃/PC 板连栋温室（塑料连栋温室）、日光温室、塑料大棚、小拱棚（遮阳棚）四类。本文研究的重点，是设施农业的中的蔬果。设施农业打破农作物生长季节，在其不适宜露地的生长季节，依赖保护设备，创造出农作物适宜生长的环境条件，以更好地发展农业。开展设施农业的目的是种植蔬果等高产高值作物，为蔬果周年供应提供保障。近几年来，从抽检的反季节蔬菜的检测数据来看，农药残留等普遍超过国家要求的标准，致使蔬菜质量受到严重影响，因此亟待解决存在于设施农业中的环境污染问题和蔬果质量问题。

## 1 设施农业生产中影响生态环境的主要因素

### 1.1 残留农膜

地膜和棚膜是农膜的两种类型。使用农膜，创造了利于栽培作物生长发育的环境，但是农膜残留会污染到农业生态环境。以下几方面就是残留农膜危害环境的主要表现。

#### 1.1.1 危害土壤环境

土壤渗透是源于自由重力，水移动到土壤深处的现象。而农膜

残膜滞留在土壤中，土壤孔隙将会被改变或切断，这样重力水移动就会受到阻碍，影响重力水移动速度，从而使水分渗透量减少，土壤含水量降低，耕地抗旱能力减弱，严重时地下水下渗困难，土壤出现次生盐碱化等严重后果。另外，土壤物理性状由于残留农膜的存在，也会发生变化，从而对作物生长发育产生抑制作用。从农膜材料成分来看，高分子化合物占据主要地位。高聚物在自然条件下分解起来十分困难，如果在土壤里滞留时间过长，土壤的透气性就也会受到影响，致使土壤水肥运移不畅，土壤微生物活动也会受到影响。土壤将无法形成正常的结构，最终出现土壤肥力水平降低的结果，进而对农作物根系生长发育造成影响，致使作物减产。

### 1.1.2 危害农作物

残膜使土壤理化性状受到破坏，因而农作物根系生长发育受影响是必然的。在土壤中留有残膜，根系串通就会受阻，土壤对水分和养分正常吸收会受到影响；作物株间施肥也会因大块残膜的存在而导致隔肥，肥效受到影响，从而产量降低。

### 1.1.3 影响农村环境景观

农村的残膜回收是有限的，且没有妥善的方法，常放置在田边、地头。大风刮过后，残膜被刮得到处都是，农村环境景观受到影响，形成"视觉污染"。

### 1.2 有毒、有害气体

近年来，从大棚内大气的检测结果来看，有毒、有害气体大量存在于大棚内，以氯气、氨气以及亚硝酸气体为主。塑料薄膜挥发产生氯气，施肥、施药产生氨气、亚硝酸气体等，这些气体有毒、有害，对作物产量和品质会造成严重影响，而最为敏感的作物就是番茄和茄子等，作物品质和食用安全大大降低。

### 1.3 化　肥

设施农业属于高产农业，需要较大的肥量，化肥长时间使用数量过大，在没有雨水淋湿情况下，土壤本身降解能力下降，致使在土壤中存在大量有毒、有害物质，污染程度远远超出土壤本身的承受能力。这不仅改变了土壤的理化性质，降低了肥力，同时还增加了有害生物，减少了有益生物，使农作物的生长受到影响。并且农作物吸收了土壤中的有毒、有害物质，会在作物茎、秆等部位残留下来，进而借助食物链，对人畜健康造成影响。实践表明，大棚蔬菜如果没有合理施肥，硝酸盐、亚硝酸盐含量超出标准，土壤会出现生理酸性，进而造成土壤板结、蔬果肥害。硝酸盐、亚硝酸盐能够结合人体肠胃中的铵类物质，形成亚硝铵，属于致癌物质。这种超标蔬果被人食用后，人患食道癌与胃癌等疾病几率明显提高，严重危害人类健康。

### 1.4 有害生物

有害生物一方面会直接危害作物生长发育，直接影响作物产品产量与质量；另一方面会污染设施农业环境。有机磷、有机氯属于高浓度、高残留性质的农药，施用此农药到土壤和作物上，会污染设施农业环境，增加有害污染物残留在部分产品中的含量，进而降低蔬果自身营养成分，使蔬果口味变差，影响作物品质。

## 2 防治污染的技术措施

### 2.1 环境控制

#### 2.1.1 合理调控光、温等设施内环境

设施结构的建造要注重合理性，选用的农膜要具备优良的品质，并注重与施肥和浇水结合，调控好增光等环境因素，营造对作物生长有利的环境。另外，在生产大棚蔬菜时，掀棚、开窗次数及

时间要适当增加，光照强度要增加，这样能够使蔬菜体内硝酸盐、亚硝酸盐含量降低。

### 2.1.2 节水灌溉

应对沟浇与地膜内浇水等节水技术进行推广和应用，这是对土壤中水分合理补充的有效方法，避免作物发生旱害与涝害。这在使水资源得到有效节约的同时，还使生态保水能力增强，投入有效减少，效益进一步增加。

### 2.1.3 防治农膜污染

在防治农膜污染方面，应注重加大宣传教育力度；应围绕强化管理展开工作，重视回收利用，挖掘替代产品，以积极的态度对待残膜污染防治工作；应制定利于农膜回收利用的经济政策，推动回收利用率的提高，让农膜污染农业生态环境程度真正降到最低水平。

## 2.2 施肥措施

### 2.2.1 实施测土配方平衡施肥

化学氮肥需要合理施用，磷钾化肥需要全面增施。含氯化肥不适合施用，其会降低蔬菜中的淀粉含量，影响蔬菜品质，降低蔬菜产量，并会在土壤中残留，致使土壤出现脱钙的状况，极易引发土壤板结。硫酸镁、硫酸铵类肥料需要限量施用，因为蔬菜很难吸收肥料中的硫酸根离子，致使其被留在土壤中，进而对蔬菜生长造成影响。碳铵也需要限量施用，因为氨气挥发会导致大棚氨害。

### 2.2.2 推广生物有机复合肥料

生物有机复合肥料的推广极具价值。微生物活化菌是生物肥料的成分之一。生物肥料属于复合肥，具体组成为有机肥、无机肥、菌肥与增效剂，各种肥料相互配合，实现了优势互补。就大棚蔬菜平衡施肥而言，生物有机复合肥属于最佳肥料品种。生物有机复合肥的施用，能够促进土壤的改良和土壤肥力的增强，所营造的环境

利于大棚蔬菜生长。

### 2.2.3 限制使用激素

使用赤霉素（920）等激素，虽然能发挥催熟、催长作用，缩短蔬果上市时间，但同时蔬果品质也明显降低，而人们长时间食用这类蔬果，会危害身体健康，因此必须注意少用或不用激素。

### 2.3 病虫害防治措施

#### 2.3.1 指导农民安全、科学用药

（1）增强农民安全、科学用药意识，提升农民用药水平，是保证蔬菜质量的根本所在。当前蔬果中都具有偏高的农药残留，为改变此现状，除了从约束生产与销售高毒、高残留农药着手外，最为重要的手段就是培训使用农药的广大农民掌握安全用药技术。植保和农技推广部门应注重从具体实际情况出发，大力做好指导安全、科学用药技术工作，并加大宣传培训力度。

（2）在病虫害防治中，使用的农药应注重具备高效、低毒以及低残留特征，杜绝使用高毒、高残留农药。

（3）应借助现有网络力量，开展联合协作，实施连锁经营，加强集中配送等方式。

（4）在应用的农药品种上，积极做好组织与推荐工作。

（5）把应用防虫网等物理、生物技术防治病虫害措施推广到主要基地，尽量减少化学农药的使用，综合治理无农药污染病虫草害，从而在蔬菜生产中，满足防治病虫害需要。

#### 2.3.2 依法加强监督管理

（1）各级植保部门应结合农药相关规定加强管理，指导农民在农药使用上确保科学性与安全性。

（2）着眼于违规农药品种与假冒伪劣农药，加大执法监管力度，大力打击违法生产等行为。

（3）提高与农药相关人的法制意识，禁止违法生产、经营、使用农药，为农药安全合理使用夯实基础。

（4）资金要配套使用，让财政资金引导作用发挥到位。针对农村环保而实施的"以奖代补""以奖促治"政策，应积极落实到位，在保护农村环境上应启用一定数量的排污费。

（5）依托市场机制增强对各类社会资金的吸引力，从而增强建设农村环境基础设施能力。

## 3 结　论

设施农业给我们的生活带来了许多便利，但同时也造成了一些环境问题。我们在利用设施农业提高生活质量的同时，也应注重采用各种措施降低对生态环境的影响。

（发表于《砖瓦世界》2020年第5期）

**参考文献**

[1]马秋.发展设施农业要重视农业生态环境保护工作[J].黑龙江科技信息,2014(16):105.

[2]张传帅,徐岚俊,刘婷韬,等.信息化技术在北京市设施农业生产中的应用及推广建议[J].农业工程,2015(S2):40-42.

[3]罗绮,郭耀文.设施农业生产中气象灾害及其对策[J].北京农业,2008(3):60-61.

[4]李中华,李玉荣,丁小明,等.设施农业生产信息化发展重点研究[J].中国农机化学报,2016(3):225-229.

[5]王萍,李秀芬,李廷全,等.黑龙江冬春季暴雪变化特征及其对设施农业生产的影响[J].自然灾害学报,2016(6):184-192.

# 建筑工程消防设计分析与探究

建筑工程的消防设计工作，特别是给排水设计，是建筑工程发展中极为重要的组成成分。由于不同的设计人员理解的消防规范有所差异，在设计的时候采取的方法也有所不同。在建筑工程建设中如何精准掌握消防设计尺度，是建筑工程单位与消防部门之间需要沟通落实的问题。

## 1 选择消防给水系统及给水形式

在建筑工程建设中，必须要保障给水系统的可靠性与安全性，此外还要保障所选择的给水系统具有经济合理性。根据服务范围，可以将消防给水系统划分为区域相对集中的消防给水系统以及独立的消防给水系统。建筑物建设过程中，建议选择使用区域相对集中的给水系统，使得两个相邻位置的建筑物可以使用同一个消防水池以及消防水泵，但是这种方式往往难以得到推广。出现这种现象的原因在于不同的开发商相互之间不能展开良好的协调工作。由此可见，在建筑工程中落实消防给水工程，需要相应主管部门发挥重要的牵头作用，协同合作，共同将存在的问题予以解决，在降低管理费用的同时提升管理的质量。

根据建筑工程的高度进行划分，可以分为不分区给水形式与分区给水形式。采取不分区给水形式时，需要消火栓的栓口位置静水压力低于 1.0 兆帕。若是静水压力超出 1.0 兆帕，则需要采用分区给

水形式。分区给水形式又可以分成串联分区供水、并联分区供水以及减压阀分区供水。

## 2 布置科学化消火栓系统

建筑工程消火栓的实际结构间距的界定需要结合扑救室内部空间和火灾预防标准而展开，归控边界。与此同时，在设定间距的时候，要符合建筑物设计标准，一般不能够超过 30 米。就裙房的膨胀机理而言，要尽可能将其稳定在 50 米以内。对于建筑物相同层面的所有框架，要始终保持具有完善且稳定的绩效。在环节的节点位置区域，最少要完成两种类型的水枪安装，这种做法的好处是可以将水柱喷发力进行积蓄。针对当前建筑工程的结构已经远远超出 100 米的界定隐患，在设定水柱长度时要以水枪实际流量作为依据，展开联合控制。倘若发生火灾，火势将会迅速蔓延，烟雾从开始弥漫到迅速扩张，其内部温度所产生的辐射强度将会在短时间内快速上升，现场扑救火灾已经难以快速实现。因而，水枪结构内部的数量供应效应作为重要的渗透媒介，具有重要的研究价值。

## 3 开发设计自动喷淋装置

### 3.1 界定建筑结构火灾危险等级标准

对建筑结构中层级分类标准展开审查工作，应将分类标准与放热量管控工作以及可燃物性质相结合。在整个审查环节，需考量疏松标准与堆放模式，与建筑物的结构稳定现状和疏散空间相结合，并且深化配对衡量。建筑物室内的温度稳定控制在 4℃直至高危状态下时，可采用湿式自动模式的喷水灭火系统。若是处于极限状态之下的分解偏移区域，在进行补救的时候可以采取预作用式自动喷水系统或者是干式自动喷水系统。

### 3.2 布置报警阀和管道

为对整体的消防环境和消防安全质量做出严格控制，保持其稳

定性，应该在立足于流量设计的基础上与管径进行联合，追加可靠性方案。第一，确保配水管道在使用中产生的压力低于 1.2 兆帕。第二，系统内部直径超过 100 毫米的管道之上，技术人员在衔接结构的时候可以选择运用沟槽模式部件。需要注意的问题是位于立管之上的法兰，其间距不能够超过 3 个楼层的距离。设计配水管道的时候，要首先明确配水管入口部位的压力，使压力处于平衡的状态之下——稳定配水口的压力在 0.4 兆帕以下。

以实时组控需求为依据，1 个报警阀控制的洒水喷头数，在湿引系统、预作用系统中不宜超过 800 只，在干式系统中不宜超过 500 只。

完成以上布置以后，可能会存在一定问题，所以在使用过程当中要以实际情况作为依据，确保设计规范，合理规避因为存在瓶颈限制而出现的扩张。

### 3.3 设计喷头装置

设计喷头装置样式以及喷头装置间距的时候，要与建筑物内部情况相联系，科学验证作用力渗透区域、喷水强度以及喷头工作压力，彻底排查重复覆盖以及喷头散水覆盖问题，规避因成本叠加而产生的成本浪费现象。科学设定喷头装置开放时间。由于设计喷头装置的时候涉及的问题较多，如挡烟垂壁问题、热烟气羽流影响等，应仔细考虑喷头存在的障碍物制约效应。

### 3.4 落实水力计算审查工作

水力计算工作是规划作用区域和提升系统喷头作用的重要保障。政府部门在对流程展开审查的过程中，要与系统设计标准以及喷头的水量相结合，完成计算衡量工作，将工作的重点放在审查设计系统水力参数的精准度上，进而保证喷水强度平均效应与作用力区域面积。

## 4 结束语

在建筑工程建设中管理控制消防安全，是建筑行业须长期注重的内容之一，需要相关技术人员落实好规范标准，开展长期工作，以确保工作落实到位。此外，在实际工作中应该充分结合安全管控标准，验证数据信息，严格控制数据信息的实际操作性与可靠性，立足于建筑物多元使用功能，始终保持建筑物人员疏散安全，避免不必要的经济损失。

（发表于《科学与财富》2020年第20期）

**参考文献**

[1]彭华伟.建筑消防工程施工中常见问题与解决路径研究[J].中国住宅设施,2019(5):99-101.

[2]邢小伟.建筑消防给排水施工中存在不足点及防治对策[J].山东工业技术,2019(20):103-103.

[3]李红冬.建筑消防工程的主要问题与应对策略研究[J].决策探索,2018(6):57-58.

# 建筑工程消防验收评判标准探析

近年来随着我国针对建筑工程消防验收的相关法律规范的不断改革和完善，消防验收工作逐渐正规化和法制化。建筑工程消防验收评判标准越完善，就能越加降低建筑物在未来投入使用时发生火灾的可能性，可以有效为建筑物使用者提供生命和财产的安全保障，也可以有效提高社会的稳定性。本文将对建筑工程消防验收评判标准展开探讨，根据我国已经出台的相关法律法规提出一些观点与意见。

## 1 建筑工程消防验收的作用和流程

根据我国有关法律规定，一项建筑工程在完工后必须要对其进行消防验收，消防验收的主要作用是保证建筑物在投入使用后可以尽可能减少消防隐患，有效降低火灾的发生概率。如若在建筑物使用过程中发生火灾，也可以将因火灾而导致的人员伤亡和财产损失控制在最小范围内，从而减少建筑物使用者的损失。所以说建筑工程消防验收是建筑物投入使用的必然要求。

根据我国当前有关法律规定，消防验收主要由以下四方面构成。

（1）建筑工程的施工单位需要在工程完工后向消防机构提出消防验收申请，提交相关书面材料。

（2）相关消防机构人员在获得申请后对工程所提交的材料进行

审查，查验相关材料是否符合国家有关规定。

（3）当书面材料符合要求后，消防机构相关人员会到建筑工程内进行实地验收，其验收的主要内容有建筑物内消防设施的质量、防火通道以及防火墙设置是否合理等。

（4）验收后，消防部门就验收结果给予相应通知。施工单位在拿到消防验收合格通知书后，才可以将建筑物投入使用。所以说，消防验收是建筑物建设使用过程中的最基本要素。而指导建筑工程消防验收的主要指标就是建筑工程消防验收评价标准，消防验收评价标准能够直接影响建筑物的施工质量和广大人民群众的生命财产安全。因此，建筑工程消防验收是建筑物投入使用之前的最后一道安全保障。

## 2 建筑工程消防验收评判标准的原则

### 2.1 统一验收标准，保证验收工作的质量

随着当前科学技术和社会经济的不断发展，建筑工程项目越来越多样化，工程规模越来越大，因此针对不同结构建筑工程的验收也会有所不同。为了避免由于消防管理人员对于建筑消防验收法律法规的理解和执行不一致而造成消防验收出现差异化，为建筑物的使用留下安全隐患，我们需要根据法律法规合理统一验收标准。统一验收标准不仅可以提高建筑工程质量，保证消费者的生命财产安全，还能够有效避免消防验收人员出现职业道德问题，保证建筑行业消防验收更加规范化。

### 2.2 明确验收标准的细则，帮助施工企业合理选择施工技术和施工方案

建筑工程消防验收评价标准的建立，主要是依据国家建筑防火设计规范和消防技术标准，以及消防设施工程施工验收规范。如果

可以明确验收标准，那么就可以帮助施工企业掌握一个较为准确的衡量标准，在施工管理工作中按照该标准来完善施工项目，在施工过程中合理采用防火技术或者防火建设方案，使得施工企业可以建造出符合消防验收标准的高质量建筑。

### 2.3 合理设计消防验收标准，有效推动先进技术在施工项目中的应用

建筑技术的不断发展促使建筑物的功能和结构越来越多、越来越复杂，而消防技术也在跟随时代的推移而不断发展，但是消防技术在建筑施工过程中并不直接影响建筑施工的质量。新型消防技术在建筑施工中的应用存在一定的滞后性，但是可以通过合理的消防验收标准，要求施工企业在施工过程中必须要适当采用更为先进的消防技术，从而有效推动消防施工概念的不断发展，进一步提高建筑消防工程质量，降低建筑物未来发生火灾的概率。

### 3 建筑工程消防验收评判标准、评判方法及规范措施

### 3.1 建筑工程消防验收评判标准

在消防单位对建筑项目进行消防验收评判时，首先，要在单项评判结果的基础上进行整体综合评判，根据整体综合评判分数判断该建筑工程是否合格。其次，建筑工程消防验收过程中，单项工程评判结果必须要全部合格，这样才可以判定整体结果合格；如果单项工程评判结果为不合格，那么整个建筑工程则需要判定为不合格。所以，在建筑工程消防验收时，不仅要看总体项目是否合格，还需要保证每一个单项项目达到合格线。再次，在施工过程中如果某项建筑项目需要提前验收，那么该建筑施工项目的验收合格记录将保持至该建筑物的整体验收结束，提前验收项目的验收结果长久有效，不必再做额外验收。最后，还需要重点对建筑物内的自动喷

水灭火系统进行验收。自动喷水灭火系统是在建筑物内部火灾发生时最直接控制火势情况的系统，可以说是保证人民生命财产安全的最后一道防线，应给予充分的重视。

### 3.2 建筑工程消防验收评判方法

首先，需要根据国家相关规定对建筑物的实际情况进行消防验收项目的综合评判，判断哪些验收项目为该工程的待验收部分，制作建筑工程的验收报表。在所有验收项目评判合格后，才可将该工程项目判定为合格。但需要注意的是，如果该评判标准有其他规定，则应按照其他规定完成。其次，在验收过程中发现的验收问题主要可以分为严重缺陷和轻微缺陷。对各个单项项目验收时不允许出现严重缺陷，只允许出现轻微缺陷，但是也需要根据验收项目的不同而采用不同的验收标准。再次，一般来说，严重缺陷主要是指严重违反消防技术要求和相关消防标准的建筑缺陷，而其他缺陷则可以被判定为轻微缺陷。以平面布置分布中的相关缺陷为例，建筑之内的防火距离，消防车通道以及防火墙、防火门的设计，如果不符合相关验收标准，那么在进行验收时则需要参照技术参数，超过规定范围的5%以上时可判定为严重缺陷。但是对于室内消防给了水设备中的缺陷，可以相应放宽要求，参照技术参数，超过规定范围的20%则可以被判定为严重缺陷。

### 3.3 规范消防验收执法行为

为了防止消防验收工作人员由于自身意志不坚定而出现职业道德风险事件，在对相关建筑工程进行消防验收工作时，要求所有评判表封存入档，永久保存。如果建筑物投入使用后出现由于建筑物自身消防缺陷而造成的火灾，则依法应当向验收人员追责，这可以在一定程度上提高验收工作人员的责任感，提高验收工作的综合质量。

## 4 结束语

消防验收评判标准是减少建筑工程投入使用后消防事件发生概率的重要保证，相关工作人员必须明确建筑工程消防验收标准的原则，根据建筑项目的实际情况来设定评判标准和评判方法，以实现在提高建筑物施工质量的同时保证人民的生命与财产安全。

（发表于《经济与社会发展研究》2020年第21期）

### 参考文献

[1]王晴,鲁全厚.浅谈建筑工程消防验收评判标准[J].消防科学与技术,2003(1):29-30.

[2]吴小松,郑芳良.建筑消防验收过程中容易忽略的几个问题及对策[J].企业科技与发展,2007(18):118-119.

[3]杨灿剑.高层建筑室内装修工程消防验收工作中的常见问题及对策措施[J].消防技术与产品信息,2006(7):18-21.

# 「科技智能篇」

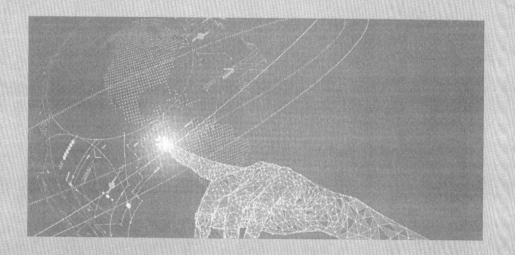

◆ 智能家居的应用情况分析

◆ 人像识别与隐私侵犯的底限在哪？

# 智能家居的应用情况分析

## 1 智能家居发展概述

在信息化时代背景下，信息技术的快速发展正在深刻地影响着我们的工作和生活。随着经济的快速增长，人们对于生活有着越来越高的追求。在互联网时代，日常家居必然会朝着数字化、信息化、智能化的方向去发展，人们也越来越关注到智能家居的发展。所谓的智能家居，就是将信息、网络通信、自动控制以及综合布线等方面技术，更好地融入集成家居生活产品中，旨在全面保障人们的居住环境得到有效的改善。

正是由于智能家居的快速发展，才能帮助人们实现预期的更加安全、更加舒适和方便的生活，把人们从烦琐的家务劳动中解放出来，享受生活的乐趣。总体来看，智能家居的智能性体现在操作简便、自动化程度高、便于实现有效管理、全面节省人力及财力，是家居发展的必然趋势。

## 2 智能家居的不足

智能家居正在积极地影响着人们的生活方式，但部分群众对于智能家居依然有着不清晰的认识，再加上当前的成本往往偏高，所以，智能家居的普及还存在着一定的难度。从技术角度来看，智能家居也存在着诸多的不完美之处。

第一，当前，智能家居大都是通过智能终端，比如，智能手机、平板电脑等方式，来进行操作。用户则是通过预先安装的客户端来实现相应智能家居的控制——主要是利用互联网通信方式来进行硬件的连接，实现硬件操作的软件化处理。从这个角度来看，远程控制家电的功能并没有体现出足够的"智能化"的特点。

第二，智能设备之间的互通互联，离不开通信协议技术的标准化工作。从实际的市场情况来看，智能家居的标准大都处于较为混乱的状态。各大厂商都在坚持采用自身的标准体系结构，这样就造成各自产品之间的兼容性比较差，用户选择存在着很大程度的限制。同时，智能家居产品系统涉及范围比较大，有影视传媒、安防、通信等多个领域，难以提出具有完全覆盖面的智能家居标准。

第三，当前，大都是通过 Wi-Fi（无线保真）连接方式来进行智能家居的连接，但要保障整个空间内具有足够的信号质量具有一定的难度。对于一般的家庭用户来说，通过专门的多个 AP（无线访问接入点）的设置可实现信号全覆盖，但存在某个 AP 覆盖范围中强度接近情况下，则会产生一定的 AP 切换问题，难以实现智能家居的联网，造成控制失败。

### 3 智能家居的发展趋势

在信息化时代背景下，结合当前市场中的智能家居发展情况来看，依然难以实现智能化的诸多要求，具体的关键性差距体现在"关联协作"方面。从整体来看，智能家居具有系统性的特点，并非是单独地去控制相应的电器、插座或者电灯，这意味着在统一化的系统中能够实现多个设备的协同化工作，以便能全面完成用户的任务要求，而并非独立化地去开展特定的功能实现。当前，我国在智能家居方面已经有了初步的发展，特别是在互联网时代背景下，信

息技术得到长足的进步，这样也会带动着智能家居呈现出如下几个方面的发展趋势。

### 3.1 产品的智能化

当前市场中的智能家居产品，仍没有实现真正意义上的"智能化"的要求，在很多方面依然难以满足用户的实际需求，特别是难以满足高质量的人机交互需求。真正的智能化服务，并非仅仅是实现家居的远程控制，而应更加重视如何保障实现更加快捷且安全的居家体验。智能家居应是在尽量降低人工干预的情况下，机器能通过学习获得正确的判断，进而更好地适用于各个年龄阶段的用户，这样才能体现出"智能化"的特点。

### 3.2 协议的标准化

考虑到我国的智能家居正处于初步发展阶段，还需要多种技术相互融合，促进发展。当前，从整体发展的情况来看，依然缺乏统一化的标准规范，这样则不利于进一步全面推广智能家居的应用。协议的标准化能全方位保障智能家居底层的通信标准实现统一，从而促进上层应用标准进一步融合发展。从这个角度来看，家庭用户将不再拘泥于某个厂家的特定产品，而具有更为广阔的选择空间。

### 3.3 家电的一体化

智能家居在发展过程中，其功能逐步完善，能有效实现输入、统计、输出等方面的功能，除了满足相应的居家生活需求外，还应集成相应的安防、监控、报警等功能，并逐步实现智能化、自动化的家居管理要求。同时，智能家居的范畴会进一步扩大，不再局限于电视、冰箱、空调、电灯等方面，而是会涉及家居生活的方方面面，这样才能更好地体现出整个房间的智能化特点。

### 3.4 产品的节能化

结合智能家居市场的特点来看，绿色和节能是重要的产品指标，这也是积极响应绿色低碳经济发展要求的体现。在满足安全、便捷的居家生活的基础上，应全方位促进居家生活的绿色低碳化发展，才能进一步保障全方位有效实现智能家居产品工作成本的降低，使之更好地服务于家居生活，让用户满意。

### 4 总　结

综上所述，智能家居代表着未来家居发展的趋势，也是信息化技术快速发展的产物，对于全方位提升用户的生活质量具有积极的意义。当前的智能家居产品还远没有实现预期的智能化要求，距离用户的实际需求还存在一定的距离，表现在市场成熟度不高、安全隐私性不足、成本较高、行业标准不统一等，需要进一步深入开发。结合当前快速发展的科技水平，智能家居是家居产品的必然发展趋势，能为用户提供全方位的舒适、智能的生活。

（发表于《基层建设》2021年第2期）

**参考文献**

[1]杨亚军,陈秀真,马进.基于对称多项式的智能家居设备安全认证方案研究[J].计算机应用研究,2021(1):215-217.

[2]顾雨伦,王博远,唐懿文.AI眼控技术与智能家居结合技术[J].中国科技信息,2021(2):68-69,72.

[3]龙顺宇,周仁佳,林道锦,等.基于Wi-Fi SoC及阿里IOT平台的智能家居控制节点设计[J].电子测试,2021(1):60-63.

[4]余鹏.基于Arduino智能家居控制系统[J].技术与市场,2020(1):70-72.

# 人像识别与隐私侵犯的底限在哪？

## 1 引　言

在信息化时代背景下，人们已经随处可见信息技术快速发展所带来的人们生活和工作的深刻变革，人像识别技术已经从科幻电影中走出来，成为人们生活中随处可见的技术。在大数据背景下，人像识别技术的广泛普及应用面临着诸多质疑，特别是部分群众认为人像识别意味着对个人隐私的侵犯，而快速发展的信息收集及处理技术、网络信息技术、扫描技术、监控技术让我们逐渐走入一个"根本没有隐私"的时代。但事实真是如此吗？这里在分析人像识别在各个领域的应用的基础上，重点探讨了人像识别和隐私保护的伦理学视角相关内容。

## 2 人像识别在各个领域中的应用

在旅游出行的过程中，通过人脸识别的"刷脸"登机已经成为现实，通过闸机快速进行身份验证已经投入应用；北京大学已经在校园安保系统中增设"刷脸"服务，能快速完成身体验证。在金融领域中，银行业务中的身份认证、贷前审核都已经应用了人脸识别技术，都不再需要银行卡就可以实现取款等操作。在餐饮、零售商店领域中，顾客都可以通过刷脸来进行结账，能有效满足个性化服务的要求，大大提升客户的消费体验。在政务领域，通过推行"刷

脸政务"活动，能大大降低老百姓来回奔波准备及递交材料的辛苦，如蚂蚁金服通过和多地的政府部门合作，积极开展了各种与百姓生活相关的"刷脸"查询服务。

从上述领域来看，人像识别技术的确给人们的生活带来了诸多的便利之处，但也不可否认地存在着巨大的争议。公安部门进行人像识别采集公民个人信息具有合法性，且能保障一定的安全性要求，但在其他领域中，这项技术是否存在着侵犯隐私的情况？是否应该被加以限制？

## 3 隐私保护的伦理学视角思考

随着信息化大数据技术的广泛应用，信息技术让保护隐私变得越来越困难，但我们不应该就此放弃对于隐私的保护。在生活和工作中，应该重视保护个人信息、用户隐私，这样才能更好地使得个体的自我决定权得到充分的尊重。

我们不放弃保护隐私的权利，但也不应限制先进技术的发展，而最为有效的方式，也是符合时代发展要求的方式，则是结合时代发展要求，从多方面进一步规范化应用人像识别技术，避免出现误用、滥用的情况。

### 3.1 人像识别技术研发应坚持高标准的负责原则

在进行人像识别技术研发的过程中，应坚持高标准的负责原则，主要涉及两方面：一是，应加强人像识别研发团队的多元化发展，应鼓励相关的伦理学家、医学家、隐私保护专家等全部参与其中，这样才能更好地深入探讨存在的问题；二是，应在开始阶段就综合考虑隐私设计，并将其整合进来，而并非在部署完之后再进行考虑。从源头上就重视隐私保护问题，才能更好地实现个体隐私保护，以及保障数据库的安全。

### 3.2 人像识别信息的存储应采取安保措施以及进行风险评估

在人像识别的存储技术方面，应重视安全性的提升，避免出现未经授权的使用、传输、访问以及共享，重视个体隐私的保护。应尽量将信息数据存储在个人可控制的智能卡内，重点实现"一对一"的存储模式。如果难以实现，则以尽量将相关信息数据分别存储在不同的数据库，这样远比集中式数据库更加安全。

同时，还应加强相应的风险评估工作，可以将"隐私保护度"引入其中，从而能更好地反映出泄露信息的风险情况，风险越小则意味着具有越高的隐私保护度。比如，Facebook（脸书）隐私功能进行了升级，使用相应的技术措施来进一步增强隐私保护力度。

### 3.3 人像识别技术的应用应符合自主性、收集限制和目的明确原则

生物识别信息涉及个人的敏感数据信息，直接关系个人的尊严以及人格，如果应用不恰当肯定会造成侵犯隐私的问题。在市场经济的背景下，部分被泄露的数据信息会成为商品，造成对个体尊严的严重侵犯。

所谓的自主性、收集限制和目的明确原则，主要就是对于人权和个体自由的尊重。在基于公共安全目的的情况下来收集生物识别信息数据，则一定要尊重个体的知情权。比如，可以在公共场合明确标识出"图像采集区域"等。结合不同的情景来说，则应该采用让用户选择同意使用个人信息，或者选择拒绝使用等方式。只有自主性、收集限制和目的明确原则，方可以保障对个人的自主和自由的尊重。否则，就难以保障个人信息被合法征用。但是，在大数据时代背景下，结合人工智能技术的发展，个人信息在传播、挖掘、存储等方面都存在着技术黑箱，个人往往难以明确谁在利用自己的

个人信息，大都是个体没有丝毫的自决权。所以，如果不能践行好自主性、收集限制和目的明确原则的话，将对隐私保护问题造成很大的威胁。

## 4 结 语

综上所述，结合信息化大数据技术的快速发展，对于人像识别信息隐私的保护也不能绝对化，需要结合实际的情况来权衡如何实现安全和隐私的平衡发展。这就需要从公共安全等角度进行考虑。如果政府有效监控人脸识别、指纹识别等具有足够的必要性，且没有其他有效措施，并履行相应的告知义务，那么也应该允许一定程度的个体数据的应用和共享。

（发表于《防护工程》2021年第2期）

**参考文献**

［1］郭春镇.数字人权时代人脸识别技术应用的治理［J］.现代法学,2020(4):19-36.

［2］王俊秀.数字社会中的隐私重塑:以"人脸识别"为例［J］.探索与争鸣,2020(2):86-90,159.

［3］马国峻,李凯,裴庆祺,等.一种社交网络中细粒度人脸隐私保护方案［J］.信息网络安全,2017(8):26-32.

［4］王乔晨,吴振刚.人脸识别应用系统中的安全与隐私问题综述［J］.新型工业化,2019(5):47-50.

［5］文铭,刘博.人脸识别技术应用中的法律规制研究［J］.科技与法律,2020(4):77-85.

［6］章坚武,沈炜,吴震东.卷积神经网络的人脸隐私保护识别［J］.中国图象图形学报,2019(5):744-752.

# 后 记

　　看着最后的定稿，我一直紧绷着的神经终于可以有片刻的松弛。翻阅整部书稿，字字句句都饱含着我的心血。虽然很多文章的构思不甚成熟，方法运用得也不甚娴熟，但无论如何，这朵绽放的小花却是我近 30 年来辛勤躬耕海岛培育的成果。

　　在写作过程中，我得到了很多师长和朋友的帮助，感谢导师和其他教授们。在快节奏的时代，大家工作繁忙，很多时候的交流只能通过短暂的书信以及网络进行，我却倍感鼓舞和欢欣。师长们不仅在学术上严格要求我们，培养我们畅通灵活的思维，而且在生活上也关怀着我们，激励我们锻炼出乐观豁达的人生态度。感谢社会各界的好朋友们，由于我在职求学，时间有限，他们在资料的搜集方面给予我极大的帮助。除此之外，我与很多志趣相投的朋友们相处十分融洽，每每想起他们对我的关心、鼓励、帮助和支持，心中总是充满温馨和感动。

　　在这里特别要感谢中共海南省委统战部和民革海南省委会领导以及党友们的谆谆教诲和时时鞭策，感谢中建系统、海建系统、金盛达集团赋予我在实操机会中体会工作生活魅力的机会，感谢诸位领导对我的栽培。感谢在我求学路上曾给予我指导的每一位老师，感谢柯迪教授、刘平安教授、裴少桦教授、石建鹏教授、陈江教授，

他们的言传身教让我感受到了学者的风范。感谢教授级高工、良师益友卢佳慧女士和符史丙先生、王康华先生的帮助，以及石向荣博士、李巧力博士、陈伟博士的经典点拨。感恩学长李敏泉教授，把我力荐给现已八十高龄的建筑规划界泰斗洪铁城老先生，邀得洪老为我作序。洪老从事建筑设计、城市规划、旅游规划50多年，美国科学名人传记学会授予其"新千年世界名人"之中国建筑"特别贡献人物"称号。他是"建筑领域的抒情诗人、诗歌世界的意象建筑师"。洪老亲自作序，给予作为后辈的我无限鼓励和躬耕动力。

2021年即将过去，未来的道路还很漫长。男人的责任和社会担当、亲朋的殷切期望，使我不敢有片刻停歇。我清楚地知道，自己还有很多不足；我清醒地认识到，自己还有很大的进步空间。我一直将圣人之言"吾日三省吾身"奉为圭臬，并不断完善自我。

期望能与更多的有识之士同修共进，在工作、生活、学习中共同品味更美好的人生真谛。